紫砂壶

鉴赏与收藏

毛大步　编著

上海科学技术出版社

图书在版编目(CIP)数据

紫砂壶鉴赏与收藏/毛大步编著. —上海：上海科学技术出版社，2013.1
(投资收藏系列)
ISBN 978-7-5478-1530-4

Ⅰ.①紫… Ⅱ.①毛… Ⅲ.①紫砂陶－陶瓷茶具－鉴赏－中国 ②紫砂陶－陶瓷茶具－收藏－中国
Ⅳ.①K876.3②G894

中国版本图书馆CIP数据核字（2012）第260458号

上海科学技术出版社出版
中国图书进出口上海公司发行
(上海钦州南路71号 邮政编码200235)
新华书店上海发行所经销
**********印刷
开本 787×1092 1/16 印张 15
字数：***千字
2012年*月第*版 2012年*月第*次印刷
ISBN 978-7-****-****-*

如发生质量问题，读者可向工厂联系调换

序

清代诗人汪文柏曾这样赞美紫砂泥："人间珠玉安足取，岂如阳羡一丸土。"历代茶客甚至把紫砂壶奉为"世间茶具之首"，珍同拱璧、贵如宝玉、盈握呵护、掌上明珠。那么，宜兴的紫砂泥到底有什么独特之处呢？《紫砂壶鉴赏与收藏》一书客观科学地从紫砂泥开始为您解读采矿、磨粉、筛分、制壶、成型、进窑烧制的整个过程，让您充分了解紫砂壶是怎样走过从泥到壶、最终成为雅器的生命旅程。

紫砂陶有着极强的可塑性，制作者可手到泥到，随心所欲，这就使紫砂壶千姿百态手工制作成为可能。紫砂壶的造型可分为圆器、方器、塑器以及筋纹器四种。圆器制作的代表有时大彬、邵大亨、顾景舟等人，他们的作品给人一种珠圆玉润的美感，代表作有掇球壶、仿古壶等。方器能给人一种干净利落，明快挺括的美感，僧帽壶、传炉壶是其中翘楚。塑器是肖形状物的自然器型，典型代表作有供春壶、南瓜壶、报春壶等，代表人物有陈鸣远、蒋蓉等。筋纹器重视平面形的变化，有一种精巧的韵律秩序美，时大彬的十八瓣菊蕾壶，王寅春的梅花周盘壶是其中典型。

紫砂壶除了造型的多变外，后人又多加入了其他各种装饰手法，主要有浮雕、贴花、印纹、泥绘、镶嵌、彩釉、陶刻等不同技法。在紫砂出现并制作的几百年间，由众多艺人工匠辛勤耕耘，乃至文人墨客合作设计创作，逐渐使紫砂壶成为集造型、装饰、诗词、金石、书画等传统文化为一体的，极具中国特色的艺术珍品。

江浙沪人 邵家声

2012 年 12 月

一、紫砂故事/ 1
　　(一) 紫砂的始祖/ 3
　　(二) 紫砂的历史/ 6
　　(三) 紫砂的文化背景/ 13
　　　1. 自然背景/ 13
　　　2. 人文背景/ 17

二、紫砂矿的种类和紫砂泥的特性/ 27
　　(一) 紫砂矿的种类/ 28
　　　1. 紫泥/ 32
　　　2. 绿泥类/ 34
　　　3. 红泥类/ 36
　　　4. 其他泥类/ 38
　　(二) 紫砂泥的特性/ 39
　　　1. 紫砂泥的制备/ 39
　　　2. 紫砂泥的特性/ 42

三、紫砂壶成型之技艺/ 51
　　(一) 成型工具/ 53
　　　1. 搭子/ 53
　　　2. 拍子/ 54
　　　3. 尖刀/ 54
　　　4. 刀/ 55
　　　5. 矩车/ 55
　　　6. 线梗/ 55

目 录

7. 明针 / 56

8. 矩底、泥扦尺 / 56

9. 勒尺、篦尺、覆尺 / 57

10. 竹拍子 / 57

11. 挖嘴刀、铜管 / 58

12. 独个 / 58

13. 水笔帚 / 59

(二) 紫砂壶造型 / 60

1. 紫砂方器 / 60

2. 紫砂圆器 / 63

3. 紫砂筋纹器 / 67

4. 紫砂塑器 / 69

四、紫砂壶的装饰 / 73

(一) 装饰的手法种类 / 75

1. 线条装饰 / 75

2. 刻画装饰 / 77

3. 印纹装饰 / 78

4. 泥绘装饰 / 79

5. 贴花装饰 / 80

6. 捏塑装饰 / 80

7. 绞泥装饰 / 81

8. 调砂、铺砂、色泥装饰 / 81

9. 釉彩装饰 / 83

10. 镶嵌装饰 / 84

11. 浮雕装饰／84
　　（二）装饰的文化底蕴／86

五、紫砂壶的焙烧工艺／89
　　（一）烧炼／90
　　（二）窑变／93

六、经典紫砂壶鉴赏／97
　　（一）石瓢壶／99
　　（二）仿古壶／100
　　（三）掇球壶／101
　　（四）莲子壶／102
　　（五）柿圆壶／103
　　（六）匏瓜壶／104
　　（七）笑樱壶／105
　　（八）西施壶／107
　　（九）井栏壶／108
　　（十）水平壶／109
　　（十一）潘壶／110
　　（十二）容天壶／111
　　（十三）秦权壶／112
　　（十四）汉铎壶／113
　　（十五）传炉壶／114
　　（十六）僧帽壶／116
　　（十七）鱼化龙壶／117

(十八) 瓦当壶／118

(十九) 东坡提梁壶／119

(二十) 洋桶壶／121

(二十一) 风卷葵壶／124

七、名家名作鉴赏／127

  (一) 明代古壶／128

  (二) 清代古壶／140

  (三) 近代茗壶／162

  (四) 现代茗壶／169

八、紫砂古壶鉴别／207

  (一) 不能以貌取壶／208

  (二) 抓住时代特色／209

  (三) 以出水孔数辨识／209

  (四) 注意观察包浆／210

  (五) 从落款的甲子年辨真伪／211

九、紫砂壶的收藏、使用与养护／215

  (一) 收藏／216

  (二) 使用／219

  (三) 养护／222

十、附录／223

  (一) 术语／224

  (二) 部分出土紫砂陶资料／230

紫砂故事

新石器时代的文化，主要表现在那些原始社会的造型艺术中，如玉石器、骨器、陶器等工艺品上，这些工艺品，既是这个时代的物质财富，也是那个时代的精神财富。而陶器的出现，则直截了当地体现了人类社会有了最初的分工之后，所出现的划时代的文化创造和艺术创造。中国数千年遗存下来的陶器精品和陶文化的浓厚积淀都足以表明那个遥远时代文化发展的成就，同时陶器的起源又是多元的，是农耕文化发展到一定阶段的产物。

长江流域的新石器文化是相当发达的，当地的先民们以种植水稻为主，兼营渔猎，并从事制陶等原始手工业。1973年，在浙江余姚河姆渡村首次发现的河姆渡文化，便是长江下游已发现的年代最早的一种原始文化。它和仰韶文化的年代相近，出土的陶器多是夹炭黑陶。1959年，在浙江嘉兴马家浜首次发现的马家浜文化，是继承了河姆渡文化而发展起来的。马家浜文化的陶器以夹砂红陶为主，并有部分泥制红陶、灰陶以及少量的黑陶和黑衣陶，而且陶器大都采用手制成型，部分器物经慢轮整修；晚期的灰陶则出现了轮制，且器表多素面或磨光，并配有弦纹、绳纹、划纹，附加堆纹和镂孔等装饰。

宜兴范蠡古窑

陶都宜兴，位于长江中下游的苏、浙、皖三省交界处，濒临太湖，境内峰峦叠翠，溶洞密布，溪河交错。由于上古时期地质的自然变迁，逐渐形成了如今宜兴境内错综复杂的地质地貌，特别是这里的地下蕴藏着丰富的陶土，极适合烧制陶瓷；而当地特有的天然矿土——紫砂则更是蜚声寰宇。自然而然地，这里便成了世界紫砂文化源远流长的发源之地。它的文化类型与马家浜文化一脉相承。那灿若锦霞的五色土不仅塑造了千姿百态的紫砂工艺品，同时也造就了一个名家辈出的紫砂工艺中心。

（一）紫砂的始祖

中国紫砂，无论历史还是品质，当数宜兴紫砂为最。宜兴现已成为中国紫砂的代名词。相传很久以前，江苏宜兴丁蜀一带只是太湖西岸边一个极普通的小村落，人们日出而作，日落而息，过着简朴的生活；农耕之余抟土作瓮，以备日用之需。有一天，忽然村里来了位形貌怪异的云游僧人，他进村就喊："卖富贵土！卖富贵土！"人们不知就里，好奇地望着他，但异僧却旁若无人地走得更快，边走边继续高喊："贵不欲买，买富何如？"几个胆大的老人跟在他的后面，想看个究竟。当异僧走到村外黄龙山的山脚下，突然不见了，跟随其后的老人们四下寻找，却意外地发现脚下土坑里有五颜六色的土块。出于好奇，老人们便带回一些彩土去捣练，然后塑形烧造，最后竟有了与从前截然不同的、意想不到的颜色效果。于是人们纷纷仿效，用这种五色土烧制陶器。从此，紫砂陶便应运而生……

多么美妙而又神奇的物质发现，它的意义如此深远，直到今天以及后远，都具有持续发展的资源动力，不能不让人啧啧称奇。这是大自然对人类的特别奉献，更是人类在漫长时空里，

宜兴蜀山古窑的烟囱

长期实践的自我价值肯定。人们创造出这个传说，把这种智慧灵光和电光石火般的神奇发现，赋予一位云游至此的怪和尚，是因为紫砂艺人们面对这种神妙的物质发现，找不到由渐进演变为突变的因果关系，只有赋予奇特的演绎才会有合情合理的诠释。

其实，有关宜兴紫砂始祖的传说流传颇多，现已很难考证。在我国的民间信仰中，每个行当都有相应的行业祖师，即所谓"百工技艺，各祀其祖，三百六十行，无祖不定。"这是农业和手工业社会中，民族价值观之构成及其取向的反映，是人们感恩于那些对民族生存、发展作出过杰出贡献人士的一种纪念方式和心理痕迹。

宜兴的陶工们尊称范蠡为陶业祖师，镇里旧有的崇福寺、镇溪寺都曾供奉过范蠡塑像，并将其奉为"造缸先师"，每年农历九月初九，焚香祭祀。这多半是因为范蠡有个"陶朱公"的雅号。其实，这是个善良的误会。宜兴丁蜀镇产陶，始于新石器时期，而春秋时的范蠡在佐助越王勾践灭吴复国后，便"轻舟，以入于五湖"，经营农业和商业，后定居在山东肥城西北陶山。宜兴的紫砂艺人也不例外，他们在传说中，塑造出了自我认定的开山祖师，就是如今所说的始陶异僧。

一代又一代的紫砂从业者，靠着富贵土生存、生活、发展。即便今天，在我国难以计数的手工艺品门类中，惟有紫砂的生存状态最好，是独秀于林的灿烂的一支，紫砂艺人的生活、生存状况，也远远走在同时代其他手工艺者的前面。

紫砂矿土没有给紫砂艺人以贵，却给了他们以富，这句从始陶异僧口里冒出来的话，是用双手吃饭的手工业艺人最好、最安心的归属，不能不佩服传说的始作俑者的神奇性和前瞻性。宜兴人没有忘记给他们带来智慧和财富的人，他们将由中国工艺美术大师徐秀棠创作的"始陶异僧"制成高3米的巨型城市雕塑，安放在镇中一泓清水的大水潭公园边，也就是当初发现五色土的原地——黄龙山的山脚下，让后人为之礼敬。

"人间珠玉安足取，岂如阳羡溪头一丸土"。宜兴，战国时代称荆溪，秦汉时置为阳羡，晋时又改为义兴，隋唐以后一直沿革义兴这个名称，宋时为避宋太宗赵光义之讳，在太平兴国年间改义兴为宜兴。宜兴制陶业有着悠久的历史，根据考古人员对宜兴古窑发掘证实，早在5 000年前的新石器时代，这里就开始制陶，到了汉代则更大量生产日用陶器。

紫砂器具，由陶器发展而成，属陶器茶具的一种。它坯质致密坚硬，取天然泥色，大多为紫砂，亦有红砂、白砂。这种陶土含铁量大，有良好的可塑性。紫砂器具的色泽，可利用紫砂泥和质地的差别，经过澄、洗，使之出现不同的色彩，如可使天青泥呈暗肝色，蜜泥呈淡赭石色、石黄泥呈朱砂色，梨皮泥呈冻梨色等；另外，还可通过不同质地紫泥的调配，使之呈现古铜、淡墨等色。优质的原料，天然的色泽，为烧制优良紫

茶中化因缘，壶里有乾坤

始陶异僧塑像

砂茶具奠定了物质基础。紫砂，成陶火温度在1 100～1 200摄氏度、有吸水性、音粗韵长；它耐寒耐热，泡茶无熟汤味，能保真香，且传热缓慢，不易烫手；用它炖茶，也不会爆裂。因此，历史上曾有"一壶重不过数两，价重每一二十金，能使土与黄金争价"之说。但美中不足的是受色泽限制，用它较难欣赏到茶叶的美姿和汤色。

（二）紫砂的历史

紫砂器具起始于宋，盛于明清，传至今。在明代中叶以后，逐渐形成了集造型、诗词、书法、绘画、篆刻、雕塑于一体的紫砂艺术。北宋梅尧臣《依韵和杜相公谢蔡君谟寄茶》诗中道："小石冷泉留早味，紫泥新品泛春华。"欧阳修也有"喜共紫瓯吟且酌，羡君潇洒有余情"的诗句，说明紫砂茶具在北宋刚开始兴起。1976年宜兴丁蜀镇羊角山发掘出一处宋代龙窑窑址，出土了许多紫砂陶残器，使考古发掘的实物和文献记载得以互相印证。至于紫砂器具由何人所创，现已无从考证。

紫砂壶的完整工艺体系形成于明代。据明人周高起《阳羡茗壶录》创始篇记载，紫砂壶首创者，相传是明代宜兴金沙寺一个不知名的寺僧，他选紫砂细泥捏成圆形坯胎，加上嘴、柄、

蜀山古龙窑遗址

蜀山古龙窑遗址及堆积物

盖，放在窑中烧造而成。正始篇又记载，明代嘉靖、万历年间，出现了一位卓越的紫砂工艺大师——龚春（供春）。龚春幼年曾为进士吴颐山的书童，他天资聪慧，虚心好学，随主人陪读于宜兴金沙寺，闲时常帮寺里老和尚抟坯制壶。传说寺院里有株参天银杏，盘根错节，树瘤多姿。他朝观夕赏，然后摹拟树瘤捏制树瘤壶，造型独特，生动异常。老和尚见了拍案叫绝，便把平生制壶技艺倾囊授之，使他最终成为著名制壶大师。

龚春在实践中逐渐改变了前人单纯用手捏制紫砂壶的方法，改为用木板旋泥并配合竹刀进行修饰，烧造的紫砂壶造型新颖、雅致，质地较薄而且坚硬。龚春在当时就已名声显赫，人称"供春之壶，胜如金玉"。有一把失盖的树瘿壶，造型精巧，现存北京历史博物馆，是龚春唯一传世珍品，但也有人疑其为赝品。无论怎样，是这位民间紫砂艺人最早地把紫砂壶推进到一个新的境界，所以，龚春壶成为紫砂壶的一个象征，其作品也被后世所仿造。

树瘿壶

明清两代，宜兴紫砂艺术发展突飞猛进。名手所作紫砂壶造型精美，色泽古朴，光彩夺目，成为艺术佳品。明代张岱《陶庵梦忆》中说："宜兴罐以龚春为上，一砂罐，直跻商彝周鼎之列而毫无愧色。"其名贵可想而知。

从万历到明末是紫砂壶发展的高峰，前后出现"四名家"、"壶家三大"。所谓四名家为董翰、赵梁、元畅、时朋。董翰以文巧著称，其余三人则以古拙见长。所谓壶家三大是指时大彬和他的两位高足：李仲芳、徐友泉。时大彬为时朋之子，最初制壶摹仿龚春，喜欢做大壶。后来他在游娄东时与名士陈继儒交往甚密，共同研究品茗之道，又根据文人士大夫雅致的品味把砂壶缩小，点缀在茅舍几案之上，更加符合饮茶品茗的雅趣。他制作的大壶古朴雄浑，传世作品有菱花八角壶、提梁大壶、朱砂六方壶、僧帽壶等，他制作的小壶也令人叫绝。因此，当时就有"千奇万状信手出"、"宫中艳说大彬壶"之说，被誉为"千载一时"，时大彬为紫砂发展史作出了巨大的贡献。李仲芳制壶风格则趋于文巧，而徐友泉善制汉方、提梁卣等，他虚心好学，晚年还自叹道："吾之精，终不及时之粗也。"

另外，明万历紫砂艺人李养心，擅长制作小壶，作品朴素带艳，世称"名玩"。李养心的最大贡献是开创了"壶乃另作瓦缶，囊闭入陶穴"的匣钵装烧法。还有欧正春、邵氏兄弟、蒋时英等人，他们借用历代陶器、青铜器和玉器的造型、纹饰制作了不少超越古人的作品，他们的作品也广为流传。而被誉为桃圣的项圣思也非常著名，他制作的大小桃杯做工非常细腻。

到了清代，紫砂艺术进入了鼎盛时期。砂艺高手辈出，紫砂壶也不断推陈出新。至清康熙，开始由宜兴制作紫砂壶胎进贡朝廷，然后再由宫廷造办处艺匠们画上珐琅彩烧制或制成珍贵的雕漆茗壶。雍正也曾下旨让景德镇按照宜兴壶的式样烧制瓷器。乾隆七年，宫廷则开始直接向宜兴订制紫砂茶具。至此，紫砂壶就成为珍贵的御前用品。这一时期紫砂大家有陈鸣远、邵大享等，陈鸣远又是继时大彬以后最为著名的陶艺大家。

陈鸣远制作的茶壶,线条清晰,轮廓明显,壶盖有行书"鸣远"印章,至今被视为珍藏。据《阳羡名陶录》记载"鸣远一技之能世间特出"。著名现代宜兴紫砂陶艺家顾景舟先生评价说:"我从事砂艺六十年,明末清初最杰出的砂艺家首推陈鸣远。"可见其影响力之大。陈鸣远的作品铭刻书法,讲究古雅、流利,其传世之作也仅有难得的几件。另外,此时期的名家还有虏荣、王南林、邵元祥、邵旭茂、陈观候等。

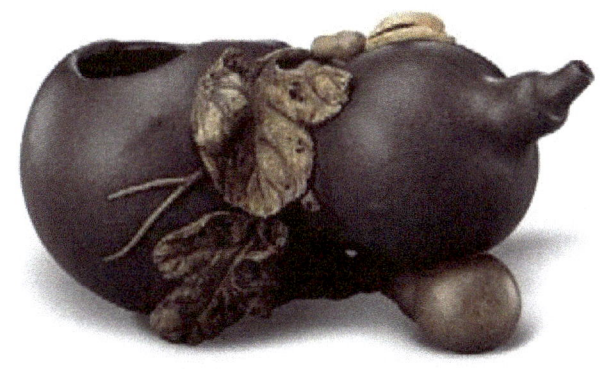

葫芦形水丞　陈鸣远制

古莲子壶　邵旭茂制

乾隆晚期到嘉庆、道光年间，不少著名的诗人、艺术家曾在紫砂壶上亲笔题诗刻字，使宜兴紫砂又步入了一个新的阶段。在紫砂壶上雕刻花鸟、山水和各体书法始自明晚期而盛于清嘉庆以后，并逐渐成为紫砂艺术中所独具的艺术装饰。此时，最著名的是时任江苏溧阳知县的陈鸿寿（字子恭，号曼生）。此人工于诗文、书画、篆刻，和宜兴制壶高手杨彭年共同创造了著名的曼生十八式。杨彭年的制品雅致玲珑，不用模子，信手捏成，天衣无缝，被人推为"当世杰作"。陈鸿寿设计，杨彭年配合制壶，再由陈氏镌刻书画的作品世称曼生壶，一直为鉴赏家们所珍藏。所制壶形多为几何体，质朴、简练、大方，开创了紫砂壶样一代新风，曼生壶铭也极具文字意趣。至此，中国传统文化诗、书、画三位一体的风格至陈曼生时期才完美地与紫砂壶融为一体，使宜兴紫砂文化内涵达到极至。

紫砂界一代宗师顾景舟的旧居

到了咸丰至光绪年间，紫砂壶艺术发展甚微，此时的名匠有黄玉麟、邵大享。黄玉麟的作品有明代纯朴清雅之风格，擅制掇球；而邵大享则以浑朴取胜，他创造了鱼化龙壶，而此壶的特点是龙头在倾壶倒茶时自动伸缩，堪称鬼斧神工。至20世纪初叶，由于中国资产阶级蓬勃兴起，商业的逐渐发展，宜兴紫砂壶自营的小作坊如雨后春笋般迅速发展起来，诞生了一些制壶名家，其中又以冯桂林、俞国良、吴云根、裴石民、顾景舟、王寅春、程寿珍、朱可心、蒋蓉等人名噪一时。

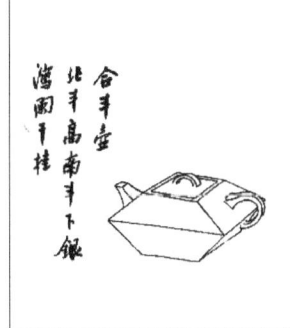

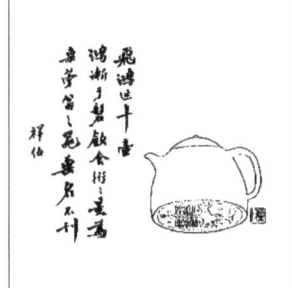

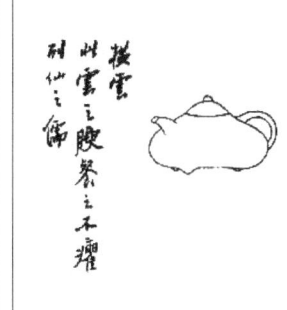
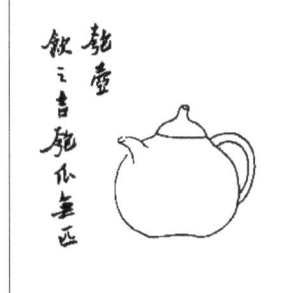

曼生十八式（一）

曼生十八式（二）

　　近年来，紫砂新品种不断涌现，紫砂茶具也有了更大发展。目前紫砂茶具品种已由原来的四五十种增加到六百多种。例如，紫砂双层保温杯，就是深受欢迎的新产品。由于紫砂泥质地细腻柔韧，可塑性强，渗透性好，所以用烧成的双层保温杯泡茶，具有色香味皆蕴，夏天不易变馊的特性。因是双层结构，开水入杯不烫手，传热慢，保温时间长。紫砂造型也多种多样，有瓜轮型、蝶纹型，还有梅花型、鹅蛋型、流线型等。艺人们还采用传统的篆刻手法，把绘画和正、草、隶、篆各种书法装饰手法应用在紫砂器上，使之成为集观赏性和实用性于一体的艺术作品。

　　紫砂壶在世界上称得上造型最丰富的工艺品种，明清两代先后涌现出数十位德高望重的著名陶艺名家，创制出了人类艺术瑰宝，他们为中国陶瓷史的发展，写下了光辉灿烂的一页。

（三）
紫砂的文化背景

1. 自然背景

论紫砂壶的艺术性，其造型之美，形态之多，文化气息之丰富，是其他陶瓷品类无法比拟的。究其原因很简单，就是宜兴紫砂壶蕴涵了历史、环境、人文背景等各种因素，绝非出自偶然。

宜兴位于江苏省长江以南的太湖西岸（北纬31°07′~31°37′、东经119°31′~120°03′），处于长江三角洲沪、宁、杭三市构成的"金三角"中心地带。这里气候温和，雨量充沛，年平均气温15.5℃。其东临太湖，北依滆湖，西邻溧阳，南交浙江湖州长兴，北接常州武进，西南、西北分别与安徽广德和江苏金坛毗邻，拥有地处苏、浙、皖三省接壤的区域交通中心的地位。市域南部和西南部属天目山余脉，群峰叠翠，溶洞星罗棋布，竹树摇曳，茶园连绵，素有陶都、水乡、竹海、茶洲、洞天之美誉。宜兴的自然资源十分丰富，特别是拥有得天独厚的陶土资源以及茶叶、煤炭、毛竹、木材等，这些都是宜兴能够成为中国陶都的重要物质资源基础。

宜兴作为中国陶都，其制陶历史可以上溯至6 500年前左右。曾在宜兴境内属于新石器时代中期的宜兴西溪、骆驼墩、堰墩

满目青翠的宜兴竹海

如诗如画的宜兴山水，养育了一代又一代的紫砂名家

等遗址中，发现并出土了大量的红陶，灰陶、黑陶等陶器。此后的商周时期，宜兴又发展出了几何印纹硬陶和原始青瓷制作技术；秦汉以后，包括两汉、三国（吴）、两晋、南朝、隋唐，宜兴境内陶瓷业生产持续发展，迄今已发现的各个时期的陶瓷窑遗址超过百处。正是由于长达数千年的陶瓷业发展，到宋元时期，宜兴的手工紫砂陶艺开始逐渐形成。

在宜兴丁蜀镇中心地区，即优质紫砂原料产地黄龙山东南麓发现的羊角山紫砂窑址中，曾出土明代以前的紫砂残器和窑基遗迹。明代中叶以后，紫砂工艺完全成熟。1949年以后，已在江苏、

真武殿古窑群旧址

真武殿古窑群，位于宜兴市新街镇水北村真武殿自然村

前墅古龙窑

古龙窑内部

安徽、浙江、山东、河北、福建、四川、陕西等地多次出土了明代紫砂器，从出土的紫砂器实物上，可以发现当时的艺人们对紫砂陶原料练制的技能、打片成型工艺、造型语言、烧制工艺等都已十分熟悉。这些民间艺人对紫砂壶的泥料性能、手工成型工艺及装饰工艺方面不断进行着探索，在原料上完全采用天然泥料或不同配比的泥料，在造型方面则逐渐形成了三个特色鲜明的茗壶造型流派，即以圆器和方器为代表的光货造型体系、从瓜果等自然实物获得启发并经提炼改造后的筋纹器造型体系和采用仿生雕塑手法成器的花货造型体系。紫砂壶的装饰，通常有绞泥、刻铭、贴花、模印、镂雕、调砂、铺砂并加盖制器人印款等多种技法，从而使紫砂壶这一实用物品通过色泽丰富的天然肌理、简洁明快的各种造型、复杂精细的成型手法、融会贯通的装饰技艺与中国悠久的茶文化浑然天成，开创出民间手工技艺的新境界。

前进古龙窑

紫砂故事

人杰地灵的宜兴蜀山

炊烟袅袅的宜兴古村落

紫砂壶是在一个特殊的文化背景下被当时社会所接受的，也可以说是与当时的主流文化意识相违背的。在清朝，统治者对民众的思想言行管治很严，有些话不能说，有些事不能做。人们要隐藏内心真实的情感，即便流露几分还得遮遮掩掩。所以当时艺术上追求的是一种迷离恍惚的超脱世界，文人写诗讲究"不着一字，尽得风流"的格调；建筑师和家具木雕也是以表面烦琐华丽为主调。但人们的内心逐渐开始厌倦了这种流于外表的浮化，渴望有真实质朴的东西。此时，紫砂壶宛如一股清流，带着泥土的气息、玉石的质感、艺人的质朴醇厚而自然坦荡地展现在世人的面前，大大满足了人们长久的渴望。她像是可交心的朋友，若与之诉说，她便与你交流；若将她长久闲搁，她便孤冷晦暗；若授予她香茗与体温，她便还你明润与温柔。就在这种情况下，紫砂壶被人广泛而热情地接受了。但这也对紫砂的整体感官有了更高的要求，如外形的气度超凡、意境深远、泥色明朗、质地润泽，抚摩壶体，有触玉之感，持壶手感舒适，方便实用，这就是紫砂壶所要追求的艺术效果及实用功能。此后紫砂壶大多把几方面作为表现宗旨，但这并不意味着泯灭艺人的个人风格和对美的自我理解与向往。最好的例子便是清代的邵大亨和现代的顺景舟，他们的作品气质脱俗超凡，肌理匀称和谐，刚劲藏于内，柔润施于表，让人看了有想要亲近的感觉。同时又能见到大亨的孤傲和景舟的浪漫婉约。他们的共同优点便是艺品的亲和力，这也是紫砂主流文化的中心概念。

2. 人文背景

进入清代以后，紫砂壶工艺继续发展。清初杰出的紫砂艺人陈鸣远技艺精湛，雕镂兼长，在紫砂壶造型，特别是花器方面有诸多创造，以至时人给予其紫砂工艺以很高评价，"古来技巧能几人，陈生陈生今绝伦"，他制作的紫砂器极受人欢迎，在京城也有"海外竞求鸣远碟"之誉。与陈鸣远同时或稍后的著名艺人，如惠孟臣、华凤祥、王南林、邵玉亭等在紫砂壶造型、装饰方面亦有诸多贡献。

鸡犬相闻的古镇陋巷

至清代中期的嘉庆年间，追求实用功能与审美情趣相结合的紫砂壶吸引了越来越多文人的兴趣与重视，时任溧阳

纯朴的宜兴民风

县令的浙江钱塘人、西泠八家之一的陈鸿寿亲自设计新壶样十八式，由宜兴紫砂艺人杨彭年、杨凤年兄妹制作。陈鸿寿则在壶上镌刻诗词书画，使古老的紫砂壶与中国传统的诗、书、画、印等艺术形式相结合，进一步造成了紫砂壶艺天人合一、雅俗共赏的文化特征。陈鸿寿、杨彭年等之后，又先后涌现出邵大亨、邵友廷、黄玉麟、程寿珍、陈少亭、俞国良、范鼎甫、魏忠明等著名紫砂艺人，其中邵大亨的壶艺冠绝一时；黄玉麟不仅在紫砂壶造型方面有突出的成就，而且对紫砂泥料的选择和配色方面也有独到的心得，他还开创了紫砂捏塑假山石景的新工艺门类；陈少亭则在继承陈鸣远以来紫砂雕塑重视仿生的工艺基础上，又着力拓展了佛像、人像的雕塑领域；魏忠明在紫砂花盆制作方面有很高成就；程寿珍、俞国良、范鼎甫等人的紫砂陶作品均曾获得国际性工艺展览会金奖，为中华民族民间工艺赢得了很高的国际声誉。

　　宜兴紫砂陶艺及其制品在清代后期获得社会广泛欢迎，紫砂制品年产量达到100多万件。到1932年时，紫砂从业人员（含

陈鸿寿　丁丑年（1877）作的花卉镜心（四开）

不同工艺流派的从业者）达到 600 多人，全年共烧 140 窑，仅紫砂茶壶的产量即达到约 200 万件。而抗日战争时期，紫砂业急剧衰弱，到 1948 年时，紫砂艺人已不足 30 人，传承数百年的紫砂陶工艺已处于人稀艺衰，后继乏人的境地。

  1949 年以后，国家十分重视传统紫砂工艺的恢复、保护和发展。1950 年 11 月成立了紫砂产销联营处，1954 年当地政府又把仅有的 30 多名老艺人组织起来，在蜀山地区建立了紫砂工艺合作社。翌年，紫砂生产合作社成立。1956 年，江苏省人民政府任命任淦庭、裴石民、吴云根、王寅春、朱可心、顾景舟、蒋蓉等 7 位著名紫砂艺人为技术辅导，开始对新一代紫砂艺人和手工紫砂陶艺工作者进行培养和传承工作。在 7 位艺人中，任淦庭擅长紫砂陶刻装饰工艺。裴石民对传统器型深有研究，具有驾驭各种形款紫砂器的能力，茶壶中的光器及花器、文房雅玩、杯盘炉鼎、花盆假山、花果小件等均有所创。吴云根 20 世纪 20～30 年代曾先后在中央大学、江苏省公立宜兴职业学校向学生传授紫砂技艺。1932 年，其作品"传炉壶"获美国芝加哥博览会优秀奖，他在紫砂筋纹器方面也有很高成就。王寅春的紫砂作品早在 20 世纪 30 年代就已盛传苏、沪一带，其于紫砂壶光货、花货、筋纹三系及花盆等都具高超的技艺，一生创作新品达五六十种。朱可心紫砂技艺精湛，尤长花货制作。1932 年所创"云龙鼎"器获美国芝加哥博览会"特级优奖"，一生创制多种紫砂陶艺新品，有的被国家当作国礼。顾景舟，则是当代最为杰出的传统紫砂工艺大师，有"紫砂泰斗"、"一代宗师"之称誉。20 世纪 30 年代，他曾通过仿制历史上名家作品来锤炼技艺，掌握了一整套从选矿、泥料配制、成型到烧成的工艺知识，光货、花货技艺皆精，尤钟情于光货，部分作品成为国礼，一生致力于紫砂工艺遗产的研究，撰写紫砂论著多部。蒋蓉，7 个著名紫砂艺人中唯一的女性，特擅花货创作，部分作品被作为国礼漂洋出海，为国家赢得了声誉。

从前起蒋蓉、裴石民、吴云根、王寅春、陈福渊

顾景舟在指导学徒

任淦庭授艺

朱可心在专心制壶

在7位紫砂艺人的精心传授下，培养的一批手工紫砂艺人已经成长起来，其中有中国工艺美术大师徐汉棠（师从顾景舟）、徐秀棠（先后师从任淦庭、顾景舟）、谭泉海（师从任淦庭）、吕尧臣（师从吴云根）、汪寅仙（先后师从吴云根、朱可心、裴石民、王寅春、蒋蓉等），中国陶瓷艺术大师李昌鸿（师从顾景舟），何道洪（先后师从王寅春、裴石民）、周桂珍（先后师从王寅春、顾景舟）、鲍志强（先后师从吴云根、任淦庭）、顾绍培（师从陈福渊）、储立之（师从吴云根）等及多位江苏省工艺美术名人和高级工艺师。目前，手工紫砂艺人从艺形式多数实行个体家庭作坊式或工作室制，也有部分艺人在个别公司中从业。

紫砂壶以典雅的泥色见于外，更以其独特造型结构来表达内在的美感。当代紫砂壶的造型处理法，更是从整体至局部兼顾，并且蕴含了各项美学的观念。所谓技术是千锤百炼、功到自成，艺术是发现、是提炼、是厚积薄发。

20世纪50年代的师徒制　　　　20世纪紫砂厂艺人合影

紫砂壶艺，有人称之为茶壶，有人称之为艺术，以笔者从事紫砂的经历和体会，紫砂壶艺是技术和艺术的有机结合。世界上制陶的方法多种多样，有拉坯法、泥条盘筑法、压模法和注浆法等等，每一种方法都有各自的技术。

宜兴有着6 000余年的制陶历史，宜兴陶工在经历了不知多少年的摸索，根据宜兴陶土的特点独创了一套和世界上所有手工成型方法不同的技术，这就是把陶泥放在木制的泥凳上，先将其锤打成片，然后把泥片围筑成圆型或镶接成方型，再用木拍子拍打成所需的壶型。这种成型方法学术界称之为"片筑法"。此法具有比其他制陶方法操作简单、技术性更强的特点。所制的陶器用宜兴话来讲就是"泥门紧"，成品率高，而且体轻耐用。

宜兴紫砂壶艺是从日用陶中脱胎出来的艺术陶，制壶成型方法也因此沿用片筑法，也就是人们常说的全手工成型。由于茶具、茶壶的体积比其他日用陶体积小，加上产品的功能要求是泡茶、品茶之用，所以技术性更强、更细、更精。几百年来，技术上的精益求精，使紫砂壶具演化成了一门有独特艺术语言的陶艺。这个过程当然也是文人和艺人们共同创意的过程。

紫砂壶艺不是现代陶艺，它首先受功能需求的制约，也就是说，要能作泡茶之用。在泡茶时能领略美感，又能为大多数人喜欢。故紫砂壶艺是集实用、欣赏、把玩三种功能于一体的艺术，又是能包容吸收陶文化、茶文化及书法、绘画等多种传统文化于一体的艺术载体。书画艺术欣赏性很强，但缺乏实用性、把玩性，玉雕艺术具有欣赏性、把玩性，但缺乏实用性，起码不是大多数人的日用品。紫砂艺术则不同，它既有很高的欣赏价值，又能在使用中把玩、欣赏，既有适用美感，又有视觉美感，亦有把玩抚摸的触摸美感。但并不是每把壶都是艺术品，称得上"壶艺"二字的作品是反映文人、艺人才智的载体，也就是所谓的艺术品。艺术追求的是新意、创意，一味的仿古、模仿他人、借型改装、翻过葫芦变成瓢的则称不上创作，严格地说就是称不上"艺术"二字。

艺术需要他人的认可，收藏家心里想收藏的东西最好是原创之作，追求的是物以稀为贵。紫砂壶艺的特殊性和市场需求的特殊性曾促使老一辈壶艺作者创作了不少新品，也重复了不少作品，但这是一定历史条件下的认可。艺术也应该与时俱进，特别是中青年壶艺创作者，要根据时代发展、收藏市场变化的要求，尽量做到作品的原创性和单件性。如何使同一原创造型作品通过变泥色、变装饰，达到一壶多变，避免重复之目的，真正做到物以稀为贵，并以此来提高紫砂艺术的品位。

做壶是做艺，做艺也是做人。一个做壶的人，如果仅仅是为了吃饭，为了生计，为了养家糊口，那么，只需要将壶做做好、有市场就可以了；如果要想成为一个壶艺家，使作品传于后人，青史留名，就应该讲究做工，以达技艺精湛、提升品位的地步。壶是人做的，壶与人又有不少相似之处，用心观察，你会发现同样造型的壶，不同的人做就会产生不同的韵味，有高雅、粗俗之分，有霸道、儒雅之别。

做壶是做艺，做艺如做人，需要全身心的投入，要认真做人，认真做艺，不要把造型、工艺勉强带得过的作品给人，这样对收藏者是极不负责的。同时也是对自己的不负责，不要看今天带得过去了，随着时间的推移，后人会评价这把壶，也会评价做壶人的艺品。艺术上对别人负责，实际是对自己负责。

紫砂艺术是我国的传统艺术，是民族瑰宝，因此，如何使

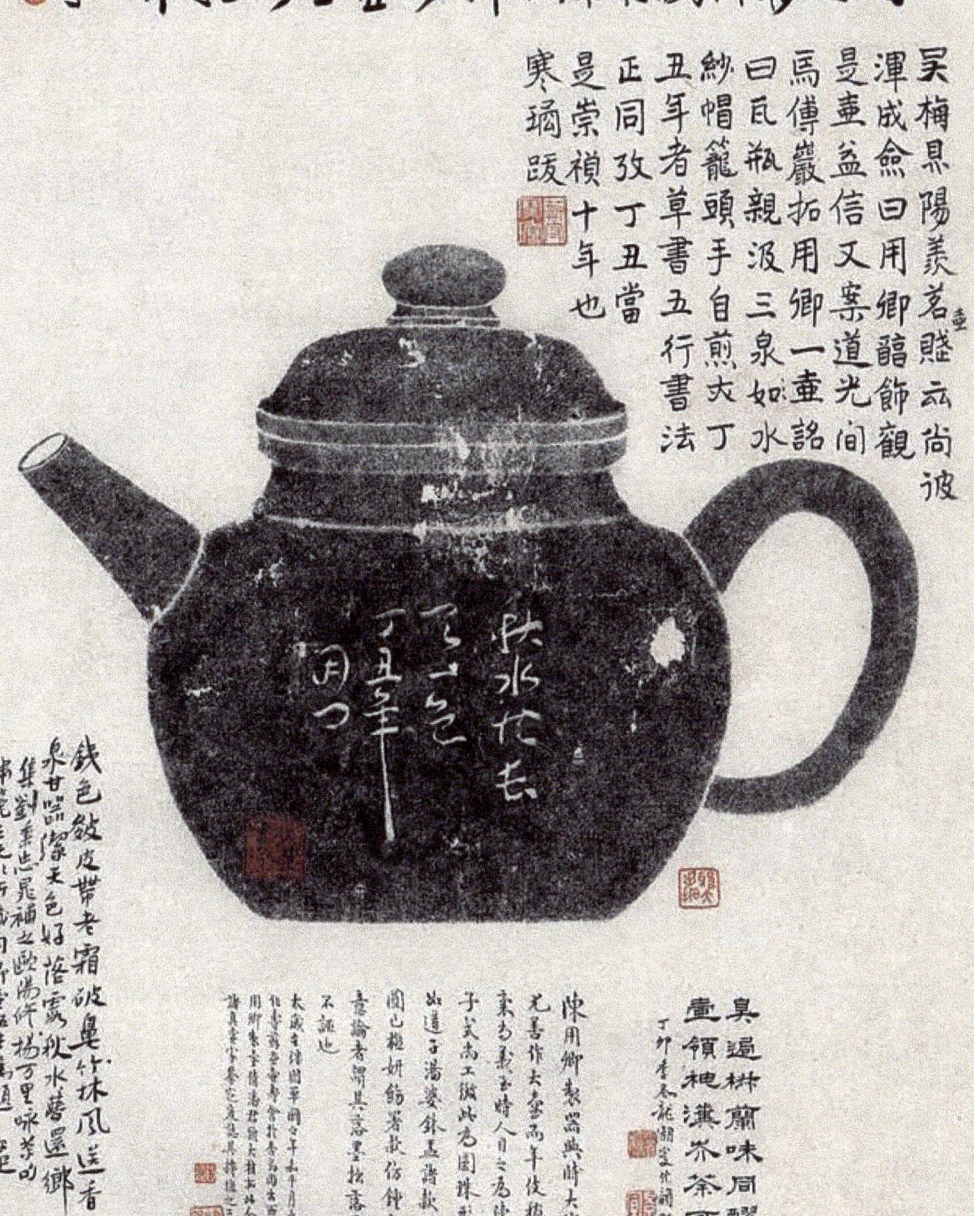

明　陈用卿砂壶全形拓本

陈鸿寿 像

我国的紫砂艺术得以发扬光大则是从事紫砂艺术人士的共同职责。美国有个学者叫希尔斯，他有一段论传统的名言："传统是一个社会的文化遗产，是人类过去所创造的种种制度，信仰、价值观念和行为方式等构成的表意象征，它使代与代之间、一个历史阶段与另一个历史阶段之间保持了某种连续性和同一性，构成了一个社会创造与再创造自己的文化密码，并给人类生存带来了秩序和意义"。所以，紫砂艺术的继承必须依靠创新和发展才能得以延续。今天的传统在昨天是创新，那么今天的创新到明天也成了传统，紫砂人不断创新、不断地把传统这个接力棒一代一代往下传，也就是一代又一代的继承传统，如果我们不去创新，那么，这个艺术就将枯萎。

紫砂的技艺是反映紫砂语言的基本功，需要一代一代的继承，紫砂艺术不仅应更多地向文化方向发展，而且后辈紫砂艺人应根据自己的特点，多方面与文化艺术界的名人、书画家合作，以提高紫砂的文化含量，提高紫砂的文化品位，这也是紫砂艺术的本源使然。

笔者认为，传统是民族艺术的根脉，创新是传统艺术的生命，两者相辅相成，构成并促成传统的发展，这就是继承和发展的关系。

蜀山壶艺多高人

紫砂矿的种类和紫砂泥的特性

紫砂矿原料为紫泥、绿泥和红泥三种，俗称"富贵土"。因其产自江苏宜兴，故称宜兴紫砂。所谓靠山吃山，靠土吃土。宜兴紫砂泥，千百年来养育了一代代能工巧匠，以至于一提起紫砂壶，人们立刻就会联想到宜兴。究竟是紫砂壶使宜兴出了名，还是宜兴使紫砂壶出了名，谁也考证不清楚了。

一件好的紫砂作品，首先必须以纯正的紫砂矿土为原料，然后根据各种矿土特性加工成各种紫砂泥料，最后再将各种泥料制成紫砂壶陶坯进行烧造。

（一）
紫砂矿的种类

紫砂器，又称紫砂陶，简称紫砂，是一种以特殊陶土制成的陶器。这种陶土主要出自我国东南的江苏宜兴，为一种含铁质黏土质粉砂岩，由水云母和高岭土、石英、云母屑、铁质等矿物成分构成；主要化学成分有氧化硅、氧化铝、氧化铁、氧

紫砂采矿断面

宜兴台西5号井矿区，从清代一直开采至今，为著名的紫砂泥老矿区

宜兴黄龙山矿区之出矿口，图中可见由矿底拉出原矿后，倒下作业台，再由拖拉机运至露天风化场

古代紫砂矿井口

紫砂原矿碾压场

化钙、氧化镁、氧化锰、氧化钾和氧化钠等，颜色也多种多样。紫泥、绿泥和红泥三种紫砂泥，均可单独烧制成陶。因铁、硅含量较高，烧制后多呈紫红色，故称紫砂器。紫砂器的烧造始于唐宋，风靡明清，迄今未艾，是我国继唐三彩之后又一种享誉世的古老陶艺。

紫砂泥料原深藏于岩石层下，分布于甲泥的泥层之间，矿层厚度几十厘米到1米左右。从矿层中开采出的紫泥，俗称生泥，似块状岩石，经露天摊晒风化，使其松散，然后经初碎、粉碎，按产品要求的颗粒数目，送风筛选。筛选后的泥灰，由搅拌机搅拌成一块块泥段，经堆放陈腐处理，再把腐泥进行真空练泥，这样便成为制作陶器的坯用熟泥。

为丰富紫砂器的外观色泽，满足工艺变化和制作设计的要求，工艺师们还把几种泥料以不同配比混合，控制好窑内的温度和气氛，使烧成后的产品五光十色，或紫而不姹，或红而不

紫砂矿石开采后须经数年露天堆放，自然分化后，松散成小颗粒方可加工使用

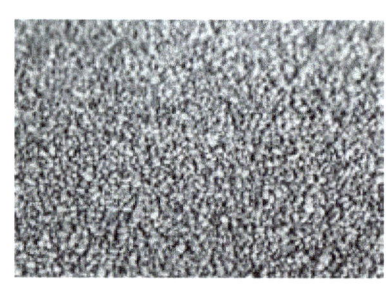
本山段泥或段泥原矿经研磨后筛选出固定大小的颗粒，图为团泥砂生料颗粒的特写

嫣，或绿而不嫩，或黄而不娇，或灰而不暗，或黑而不墨。此外，在紫砂泥炼和制备过程中所用水的水质也十分讲究，水质的优劣会直接影响紫砂壶产品的质量。

仔细观察紫砂壶的色泽，犹如染在毛纺织品上的颜色，不仅极具质感，且沉着而没有火气；各种泥色里又有星星白砂，若隐若现，宛若珠玑。有时，艺人们还在泥中和以粗泥砂或钢砂，使作品更为夺目。其实，紫砂壶并不一定就是紫色，高温烧成后可呈现各种奇妙的色彩，如朱砂红、枣红、紫铜、海棠红、铁灰铅、葵黄、墨绿、青蓝等。通常，紫砂壶是不上釉的，但效果却胜似上釉，色泽变化瑰丽，丰富多彩，如朱砂紫、榴皮、豆青、海棠红、闪色等，皆是

紫砂壶烧成后与泥料的对比

大红袍烧成前后，图左为大红袍生胚经干燥后的剖面，右为大红袍入窑烧成后的剖面

采掘出来的紫砂矿

黄龙山露天矿场全貌

自然原色，质朴浑厚，古雅可爱。烧成后的紫砂壶保温性和透气性均十分理想，是沏茶的理想用具，故世人对其有"世间茶具称为首"的誉称。

虽然世界各地皆产陶土，但只有紫砂陶土是中国宜兴所特有的陶土。因此，也可以说紫砂是陶土的一个种类，且唯独宜兴才有。紫砂器之所以呈紫，是因为紫砂陶土制成的器物，无论是黄、红、棕、黑、绿的本色，在其表面皆隐含着若有似无的紫光，使其具有质朴高雅的质感；而紫砂之所以称为砂，是因为紫砂的成品具有特殊的粒子感，即使陶土的土质炼得很细，在细腻的外表下，仍然看得见漂亮立体的颗粒。

地质专家在分析紫砂矿样

紫砂陶土俗称五色土，这是因为紫砂土的基本颜色有五种，而其中的紫色、黄色和朱红色则是基本色。紫砂矿主要有以下几个品类。

1. 紫泥

可分为天青泥、红棕泥、底槽青泥、大红泥，为制作紫砂茗壶的主要原料。深藏于黄龙山岩层下数百米。在甲泥矿层之间。

成品紫砂泥

紫泥原矿

（1）天青泥：质地细腻呈青蓝色，产于清代中期，现已采尽，据说此泥是做茶壶特好的泥料。当时所谓的好泥料应该符合四个条件，即烧成温度低，容易出水色，成形塑性好，颗粒圆润，而好的皂青色矿料即能符合这些条件。对照书上记载的图片资料，当年制壶名家杨凤年所制竹段壶的质感和皂青色矿料烧成颜色无异。天青泥应该是指原矿，而非烧成后颜色。

底槽青原矿带"鸡眼"

底槽青紫泥原矿

本山绿泥原矿与紫砂成品

(2) 底槽青泥：位于矿层底部，块状中有青绿色的鸡眼、猫眼，色呈偏紫泛青，细而纯正，十分稀少。所谓皂青原本指用稻草灰和石灰混合后的一种青灰颜色建筑涂料。因底槽青原矿的颜色十分接近皂青色，故又把底槽青写成底皂青。在用陈腐时间较长的底槽青原料时一定要重新杵打充分才可以用来制作陶器，否则很可能在烧成的成品紫砂壶上产生黑色晕纹。底槽青色偏紫，十分稀少，泥质细腻纯正；烧结后呈紫红色，烧成的温度范围在1 200摄氏度左右，质坚细腻光润、收缩率为10%左右。

(3) 红棕泥：位于矿层中部，矿层较厚，呈紫红色、紫色，隐现绿色斑点，质软致密，间有微小的云母闪烁。此泥质纯正，产量较多，烧结后呈棕红色，烧成的温度范围在1 180摄氏度左右，质坚细腻光润，收缩率为10%左右。

(4) 大红泥：位于矿层中部，产量少；呈云片状结构，紫红色泽，鲜艳明丽。矿层分布不同，烧成温度范围较宽，其最

红棕泥矿

黄龙山红泥原矿

佳烧结温度在1 180摄氏度左右。泥质细纯，有光泽感。烧结后呈大红色，表面脂润，收缩率为12%左右。

2．绿泥类

绿泥古名梨皮泥，矿土呈淡绿色层片状，烧成后现梨皮冻色（米黄色）。产于宜兴黄龙山岩层与紫泥共生矿层中，仅数厘米厚，位于紫泥上层与岩板间，俗称龙筋。其矿物组成为水云母、高龄石、石英及少量铁的氧化物。有本山绿泥、白麻子泥和红麻子泥三种。

本山绿泥水平壶生坯

（1）本山绿泥：位于矿层顶部，生于紫泥与矿岩顶板之间，仅数厘米厚，呈浅粉绿色，片状结构，泥质细腻光洁。因采掘量稀少，故不易制作大件产品，仅用作装饰，若加入适量着色剂则可变化成各色装饰泥。通常本山绿泥因结构相对疏松、泥门不紧而易吐黑，故必须掺加紫泥拼制成所需泥料，这也是配制泥料的常识。本山绿泥原矿是灰白色的，也有灰白偏绿色，烧成色呈灰黄色，若烧制温度稍高时颜色略呈青灰色。此泥烧结温度适中，收缩率为11%左右。

白麻子泥

红麻子泥

(2) 白麻子泥：色与本山绿泥相似，质地粗，位于紫泥上层，且杂质较多，须精炼方可合用，成陶后现淡墨色。烧结温度适中，在1 200摄氏度左右，表面质地粗糙、色杂，收缩率为11%左右。

(3) 红麻子泥：色似紫泥，质地粗，位于紫泥上层，间夹星点麻子绿泥，成陶后呈桃红色。

原矿黄龙山本山绿泥

风化后，用石磨扦成粉末

过筛吸铁

加水浸泡

搅拌均匀

黄龙山四号井本山绿泥加工过程

3. 红泥类

红泥俗称朱泥，外观绿黄色，烧后呈朱砂红色

俗称朱泥、朱砂泥。因其成陶后色似朱砂红，故名。产于宜兴任墅赵庄山嫩泥矿层底部，质坚如石，含铁量高，产量甚稀。矿土外观呈砖红夹色并以黏土为主的粉砂岩土，可单独成陶。红泥收缩率大，烧成温度在1 080摄氏度左右。20世纪70年代中期，因此种红泥甚缺，便改用川埠红泥加嫩泥替之。此矿土呈土黄色，石质坚硬，成陶后亦与其相似。

红棕朱泥的原矿风貌，原矿上方朱红色为经烧成后的原矿本尊，右方为成品

朱泥的颗粒质感以及透气性极具特色，所谓的无朱不皱是对朱泥的误解，只要看一些历史作品就不难发现，历史上许多朱泥作品并非如此。关键还是看选矿的好坏和炼泥方法是否得当，若制作者对朱泥泥性把握得好，就不会产生无朱不皱的现象。朱泥质不张扬，色不妖艳。

朱泥矿开采出来可以直接加工成泥，若矿源干净的话陈腐时间长短的意义不大。因朱泥的着色离子是铁离子，故朱泥壶摔破后的断面颜色较暗，而朱泥壶表面相对其断面氧化也更充分。其实朱泥是对历史上红泥制品的称谓，现在为了区分纯粹

原矿朱泥烧成后色泽和收缩对比

的原矿朱泥和拼制的红色泥料,常将后者加入红色料的拼制泥料称作红泥。而将原矿类红色泥料才称作朱泥,并可细分成本山朱泥(黄龙山)和赵庄朱泥(俗称赵庄小红泥);洑东矿料则因不适合做壶一般只用作浆料,以及作为低档产品挂浆时使用。

(1) 赵庄红泥:位于嫩泥矿层底部,质坚如石,甚稀。呈土黄色,致密块状、砖红夹带浅黄白色及浅黄绿色块状,粉砂岩土结构。烧结后呈朱红色,表面质地砂粒感强,烧结温度在1 080摄氏度左右,收缩率为10%左右。

(2) 洑东红泥:矿层较厚,质坚如石,呈土黄褐色,其间分布有细小云母砂粒。烧结后呈土红偏朱红色,表面细腻,具明显片状结构。烧结温度在1 050摄氏度左右,收缩率为14.2%左右。

赵庄红泥矿

洑东红泥

4. 其他泥类

赵庄石黄泥矿

石黄心原矿，是珍贵的朱泥原矿"黄石黄"经手工整颗敲开后的内部；左图最底层中心处岩心小球就是提练大红袍及石黄心系列的石黄核心，右图为尚有部分粘黏着的石黄心

（1）石黄：矿散落于嫩泥矿层之中，矿岩结构为表面坚硬（多为着色剂所用），呈卵状，外壳铁质而呈褐黄色，中核似鸡蛋黄，粉状细腻，含铁量甚高。若加入紫泥，成陶后色紫若葡萄；若加入天青泥，则成深古色；若加入红泥则成大红袍泥。

（2）白泥：出产于宜兴大潮山（洑东），呈粉白色，微泛绿，成陶后呈白色，泥质松，大块状、片状结构。此泥以蛋壳青色佳，质坚细润，产量较多，为日用陶的主要原料。若取精细之矿土做紫砂的色泥基料，烧结后呈土黄色，可用以代替本山绿泥。精细的蛋壳青色白泥添加金属氧化物还可制成各种色泥。

（3）土骨：产于太湖沿岸水底或滨河之中，形状似兽骨，为矿岩结核构成。烧结后呈清黑色，质地坚硬，可作为天然着色剂用。可掺入紫砂泥中，制成天星泥。

白泥

土骨

(4) 嫩泥：呈砖红色，原是日用陶原料，掺入紫砂泥中可增加泥料的可塑性和降低烧结温度，如取其精细之泥则可作辅助原料。

嫩泥

（二）
紫砂泥的特性

1. 紫砂泥的制备

可分为手工制备和机械制备两种。

通常，从矿床采掘出来的矿石是不可以直接加工成泥料的，需要在露天经风吹雨淋、烈日曝晒的晒泥过程后，使之风化成细小颗粒。

20世纪90年代初，赵庄西山挖出的石黄泥，堆积日久，已自然风化

传统手工加工方法是将风化后的颗粒用石磨碾碎，经每平方厘米200孔的绢网筛下粉末，在粉末中加15%左右的水拌合成生泥，再经人工反复捶炼使泥料压缩，变得富有黏性，即加工成了制壶的熟泥。机械加工方法则采用抛球式雷蒙粉碎机将风化后的颗粒粉碎，经过筛选后，再加水拌和，经真空炼泥机炼制成制壶熟泥。

制成的熟泥要放置在阴湿的地方，并保持一定的温度和湿度，使泥中水分均匀分布、有机物质分解产生胶质，此过程被

正常使用的紫砂泥条

人们称之为养土。养土的好处是：可提高泥土的可塑性，减少紫砂壶在成型过程和生坯阴干时的开裂；其烧制成器后表皮结晶温润，日久使用后则渐露锋芒，更添古朴雅趣。

岩中泥40目颗粒

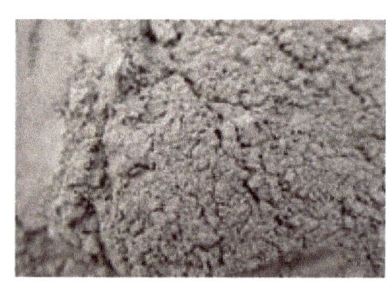

岩中泥60目通粉

紫砂矿手工制泥坊

湿泥经慢慢陈腐的陶缸，陈腐后成为"腐泥"

大红袍泥矿粉碎成100目，放入清水陈腐。

民国徐珂在《清类钞》一文中就曾描述过手工加工紫砂泥的过程："泥初出山时，大如煤块。舂以杵，必数次，始取其较细者，浸之于池，经数月，则粗分子下沉。其最上层皆有黏性，乃取以制器。"

定期搅动，使泥料质地更均匀

1949年前后，出现了用石磨磨泥粉的手工制法，并一直沿用到1957年。此后，紫砂泥的加工实现了机械化，使矿土颗粒的加工细度由60目筛左右逐步发展到100目筛以上。

现在黄龙山一般矿源的一些叫法

名 称	原 名	泥 色	烧成后颜色
紫泥	青泥	偏紫红、天青色	暗红色
底槽青	底槽青	紫色	深紫红色
红皮龙	野山红泥	红褐色	红色
白皮龙		绿中带白无光泽	灰黄色
本山绿泥		绿色脂润有光泽	黄色
红麻子		紫泥中带有白色	红色中有黄
白麻子		色与本山绿泥相似	青黄色有紫
乌泥		黑色	耐火高

2. 紫砂泥的特性

紫砂泥可由单一的底槽青泥、红棕泥、大红泥、本山绿泥、红泥和清水泥等矿土加工而成，也可以由两种泥料相混合，或稍加金属氧化物等着色剂制成多种泥色，如由本山绿泥与紫泥相拼可制成团泥。近年来，以洑东红泥、白泥，本山绿泥、紫泥为基础泥，加入适量氧化物，拼制成各种新的泥种，如大红袍泥、嫣红泥、朱泥等，加入氧化铬可配制出菜茄泥、豆碧泥、碧纯泥，加入氧化钴可配制出天青泥、青黑料泥，而加入铬锡黄则可配制出葵黄泥、赤鳝泥、枇杷黄泥和桂花泥等。实践表明，目前的新泥种色泽鲜亮，烧成温度偏低，一般在1150摄氏度左右，且玻璃相重，陶声脆亮。配制紫砂泥料时，添加物宜在千分之五以下为好，否则成陶后因其抗热、抗震性差而易裂变，若使用时间久表面还会产生龟裂、色脏等现象。常见的紫砂泥料有以下几种。

(1) 紫砂泥：朱泥、红泥、紫泥、绿泥、缎泥、黑铁砂泥的统称，为江苏宜兴黄龙山矿脉所开挖出来的紫砂原矿提炼而成。因矿脉里铁质成分较高，所烧造成的茶壶会产生火疵、小熔点。由于泥料内所含颗粒较大，故结构疏松、器身明显呈双气孔结构，故透气性好，日久使用，更显古拙雅趣。

- 矿区：江苏宜兴丁山黄龙山
- 窑温：约1150摄氏度
- 收缩比：约11%
- 适合冲泡茶类：乌龙茶生茶（轻焙火系列）、普洱茶各种系列

（2）红泥：在早期是最常用之泥料，由江苏宜兴黄龙山红泥原矿提炼而成。因矿脉里铁质成分较高，烧造成的茶壶亦会产生火疵、小熔点，深获早期壶识者深爱和赞赏。新壶在初用时，茶汤略现砂气，经长期使用和抚摩，壶身渐趋朱红，令人赞不绝口。

- 矿区：江苏宜兴丁山黄龙山
- 窑温：约1100摄氏度
- 收缩比：约13%
- 适合冲泡茶类：乌龙茶生茶（轻焙火系列）、铁观音（中焙火或重焙火系列）、普洱茶各种系列

（3）缎泥：早期最常见之泥料，产于江苏宜兴黄龙山，由本山绿泥原矿提炼而成。泥料内所含颗粒较大，结构疏松，器身明显呈双气孔结构，空气对流顺畅。由于早期泥料调配方法不同和早期窑炉温度较低温，故产品烧成后易出现吐黑现象。近期，由于所用窑炉为高温窑，在烧造缎泥壶时可轻易提升至

欲提练出完美的泥料，紫砂矿必须经翻晒、粉碎、风化、研磨、搅拌、槌打等多道工序，并经过 次次不厌其烦的试烧

所需温度，从而真正达到较高的结晶，杜绝了吐黑现象的产生。

- 矿区：江苏宜兴丁山黄龙山
- 窑温：约1150摄氏度
- 收缩比：约11.3%
- 适合冲泡茶类：乌龙茶生茶（轻焙火系列）

（4）黑铁砂泥：早期最常见通用之泥料，为江苏宜兴黄龙山原矿提炼后再加入锰调配而成。因矿脉里铁质成分较高、烧造成的茶壶会产生火疵、小熔点，为养壶者之最爱。新壶初用时砂土气重，茶汤略现砂气，长期使用壶身展现灰黑色。

- 矿区：江苏宜兴丁山黄龙山
- 窑温：约1130摄氏度
- 收缩比：约12%
- 适合冲泡茶类：乌龙茶生茶（轻焙火系列）、铁观音（中焙火或重焙火系列）、普洱茶各种系列

（5）内紫外红泥：壶坯以清水泥为料，成型后再以红泥浆上浆壶表，再让壶坯阴干入窑烧成。此泥在当时为早期壶很常见之泥料，泡茶多日壶身颜色呈朱红色，现代壶已甚少用此技法。

- 矿区：江苏宜兴丁山黄龙山
- 窑温：约1100摄氏度
- 收缩比：约11%
- 适合冲泡茶类：乌龙茶生茶（轻焙火系列）、普洱茶各种系列

（6）大红袍泥：产于宜兴市洑东乡西面任途村与红卫村交界处的小煤窑矿区的夹层嫩泥。含氧化铁，在炼泥过程中加入天然铁红粉提升红色，经过窑烧后会变成大红色，泥质细腻密度大、高结晶，泡茶柔顺好喝。经过泡茶养壶后壶身色泽艳红，非常惹人喜爱。此泥料非常稀有。

- 矿区：江苏宜兴洑东乡西面
- 窑温：约1040摄氏度
- 收缩比：15%～25%

- 适合冲泡茶类：乌龙茶生茶（轻焙火系列），铁观音（中焙火或重焙火系列）、普洱茶各种系列

（7）小红泥：产于宜兴市洑东乡东侧矿区的嫩泥。因含大量的氧化铁，经过窑烧后会变成朱红色（又称小红泥）。泥质细腻密度大、高结晶，同一般红泥含矿量不同，泥质较多。此种泥料非常稀有，泡茶味纯，评价甚好。

- 矿区：江苏宜兴市洑东乡
- 窑温：约1 080摄氏度
- 收缩比：20%～28%
- 适合冲泡茶类：乌龙茶生茶（轻焙火系列）、铁观音（中焙火或重焙火系列）、普洱茶各种系列特好

（8）紫茄泥：此泥色泽温润，黏性佳，石英、云母、铁的含量高。为黄龙山脉紫砂中挑选提炼出来的特殊紫砂泥矿。紫茄泥胎骨坚润，为泥中极品，非常难得稀有。

- 矿区：江苏宜兴丁山黄龙山脉。
- 窑温：1 150～1 200摄氏度
- 收缩比：约12%
- 适合冲泡茶类：乌龙茶生茶（轻焙火系列）、铁观音（中焙火或重焙火系列）、普洱茶各种系列

底槽青紫泥原矿

(9) 墨绿泥：是将着色金属氧化物氧化钴、氧化锰加入本山绿泥中配制而成的一种紫砂色泥。经烧成后呈深绿色至墨绿色，是人工配制为数不多的紫砂色泥之一。墨绿泥呈色的深浅随氧化钴、氧化锰加入量的多少而定。

- 窑温：约1 150摄氏度
- 收缩比：约15%
- 适合冲泡茶类：乌龙茶生茶（轻焙火系列）

(10) 拼紫泥：是用不同泥调配而成的，也称调和泥，为较常用的紫砂泥料，烧成后呈棕色。此泥的稳定性特佳，结构紧密，可广泛利用，成型容易。

- 矿区：江苏宜兴丁山黄龙山
- 窑温：1 150～1 200摄氏度
- 收缩比：约11%
- 适合冲泡茶类：乌龙茶生茶（轻焙火系列）、普洱茶各种系列

(11) 清水泥：为原矿紫砂，其赤铁矿、云母含量较多，为早期较常见的泥料而被广泛使用，俗称红紫砂。此泥成色温和高雅，泥性稳定性高，容易成型，深得玩家赏识。

- 矿区：江苏宜兴丁山黄龙山
- 窑温：约1 150摄氏度
- 收缩比：约11%
- 适合冲泡茶类：乌龙茶生茶（轻焙火系列）、普洱茶各种系列

(12) 紫皂青泥：为原矿紫砂，因产于紫砂最底层，质地特纯，泥质细腻，成色娇艳，呈紫红色，为稀有泥料，是近代制壶名家广泛使用的泥料。

- 矿区：江苏宜兴丁山黄龙山系四号井
- 窑温：约1 170摄氏度
- 收缩比：约11%
- 适合冲泡茶类：乌龙茶生茶（轻焙火系列）

紫砂矿特写

(13) 石黄泥：是近代用来做朱泥壶的原料，泥矿中含砂量重，坊间常用来做仿古朱泥壶，颇受欢迎。

- 矿区：江苏宜兴丁山黄龙山的嫩泥矿
- 窑温：约1100摄氏度
- 收缩比：约18%
- 适合冲泡茶类：乌龙茶生茶（轻焙火系列）

(14) 底槽青泥：为原矿紫砂，因产于紫砂最底层，质地特纯，泥质细腻、成色稳重，呈棕色，是近代制壶名家广泛使用的泥料。

- 矿区：江苏宜兴丁山黄龙山系四号井
- 窑温：约1160摄氏度
- 收缩比：约11%
- 适合冲泡茶类：乌龙茶生茶（轻焙火系列）

(15) 甲子年紫砂：由1984年在江苏宜兴黄龙山矿脉开挖出来的紫砂原矿提炼而成。因矿脉里铁质含量成分非常高，所烧造的茶壶会产生火疵、小熔点，泥料内所含颗粒较大，矿物含量丰富、结构疏松，器身明显成双气孔结构，空气对流顺畅。

- 矿区：江苏宜兴丁山黄龙山
- 窑温：约1150摄氏度
- 收缩比：约11%
- 适合冲泡茶类：乌龙茶生茶（轻焙火系列）、铁观音（中焙火或重焙火系列）、普洱茶各种系列

（16）铁星泥：为黄龙山脉紫砂中挑选提炼出来的特殊紫砂泥矿，泥色深茄紫，胎骨坚润，此种泥料非常难得稀有。此泥料在早期做壶时，较多使用深紫茄色，故色泽温润，讨人喜欢，为矿中极品。此泥黏性佳，石英、云母、赤铁矿含量特别多，所烧造的茶壶会产生非常密集的小熔点，器身明显成双气孔结构，空气对流顺畅。

- 矿区：江苏宜兴丁山黄龙山脉四号井
- 窑温：1150～1200摄氏度
- 收缩比：约13%
- 适合冲泡茶类：乌龙茶生茶（轻焙火系列）、铁观音（中焙火或重焙火系列）、普洱茶各种系列

（17）细黑星泥：此泥料在早期做壶时使用较多，浅棕色含细黑色颗粒，色泽温润，为矿中极品。此泥黏性佳，石英、云母、赤铁矿含量特别多，所烧造的茶壶会产生非常密集的小熔点，器身明显成双气孔结构，空气对流顺畅。为黄龙山脉紫砂中挑选提炼出来的特殊紫砂泥矿，泥色浅棕色，非常难得稀有。

- 矿区：江苏宜兴丁山黄龙山脉四号井
- 窑温：约1150摄氏度
- 收缩比：约11%
- 适合冲泡茶类：乌龙茶生茶（轻焙火系列）、普洱茶各种系列

一把融工艺、造型、色泽精美的紫砂茗壶，其配泥技法是各门派艺人的绝活，外人很难对其进行确切描述，故有"秘不相授，各有心法"之说，可见配泥技法之重要。从历代制壶名家到当今工艺大师所制茗壶来看，皆以色泽妍美、典雅作为茗

紫砂原是富贵土，天赐宜兴美名扬

壶的一大特色。因此，对紫砂土的认识和利用一直是古今紫砂艺人制作茗壶的重要技艺，这也是宜兴紫砂艺人聪明才智和才华的体现。

紫砂陶土其实是甲泥矿层中的一个夹层，而甲泥则是一种以紫色为主的杂色粉砂质黏土，属粉砂质沉积岩，其主要成分是石英、长石和云母。紫砂泥归结起来主要有如下四方面的特点。

第一，可塑性好。以紫泥为例，它的液限为33.4%，塑限为15.9%，指数为17.5%，属高可塑性，可任意加工成大小各异的不同造型。制作时黏合力强，但又不粘工具和手。如壶的嘴、把均可单独制成，再粘到壶体上雕琢施艺。

第二，干燥收缩率小。紫砂陶从泥坯成型到烧成的收缩约为8%，烧成温度范围较宽，变形率小，生坯强度大。因此，茶壶的口盖能做到严丝合缝，造型轮廓线条规矩且不会扭曲。

第三，紫砂泥本身不需要加配其他原料就能单独成陶。成品陶中有双重气孔结构，一种为闭口气孔，是团聚体内部的气孔；另一种为开口气孔，是包裹在团聚体周围的气孔群，这就使紫砂陶具有良好的透气性。因而，紫砂壶能较长时间地保持茶叶的色香味，相对地推迟了茶叶变质的时间。此外，紫砂壶的耐冷热急变性能也好，即便开水冲泡后再急入冷水中也不炸不裂。

第四，紫砂泥土成型后不需要施釉，它天生平整光滑而富有光泽的外形。紫砂壶用的时间越久，把摩的时间越长，就会发黯然之光，其雅拙浑古之气则是其他质地陶土所无法比拟的。

紫砂陶是天然的单矿原成泥，只有历经烈火的锤炼洗礼才会显出本色，红的如朝旭初上，绿的好似翡翠熠熠，紫的仿佛九天霓霞……清人梅调鼎形容紫砂为：忽葡萄结绀紫，倏橘柚而苍黄，插嫩绿于新桐……

对于紫砂从业者来说，紫砂矿土的确是他们的生命线和生存的富贵土。紫砂宜茶的独特材质特点被发现后，丁蜀艺人凭借这份资源，依靠智慧和双手，创造出形形色色的茶壶、雕塑、花盆和文房雅玩等诸多紫砂陶，与茶文化一起，谱写出工艺美术的新篇章，从而"不胫而走天下半"，成为"蠲于四方利最溥"的商品，吸引了无数的生意人赶到这儿贩运倒卖，使穷乡僻壤也像城市一般热闹、繁荣起来。

紫泥寄情留芬芳

紫砂壶成型之技艺 三

"方非一式，圆不一相"，这是人们对宜兴紫砂壶形式的赞美。经过历代艺人们的探索和改进，紫砂的成型技艺也日臻完美，主要有手工成型、注浆成型、旋坯（机制）成型和印坯成型。其中，手工成型属传统制造方法，凡是工艺产品，如紫砂壶具等，全系手工搓制而成。由于紫砂泥具有良好的可塑性能，较小的干燥收缩率，较高的生坯强度，故可为多种多样造型提供良好的工艺条件。多姿多彩的造型，千变万化的线条，对人们的制作技巧不断提出更高的要求，并促使手工成型技艺达到更高的水平，从而形成纯朴、古雅、优美的独特风格。

紫砂壶的成型，主要是采用手工泥片镶接成型技法，而泥片镶接成型又分为打身筒和镶身筒两种形式。这两种成型方法都需要根据器皿的不同要求，先把泥料打成泥片，然后按器皿型制接好壶的身筒，加上壶的颈，脚，把，盖等。在成型操作过程中，还要以专用工具对器皿进行刮，勒、压、削等加工，使紫砂制品的坯件达到造型规正、结构严谨、口盖紧密和线条清晰的工艺要求。

打身筒法适用于圆形器皿，先将泥料打成泥片，用归车等工具划出泥片形状围在转盘上，用手工拍打成空心体壶身，再粘接上用手工搓制成的流（壶嘴）、把、颈、脚等部件，并另制壶盖，使作品坯体完整。

镶身筒成型法可制作出各种带有角边的四方、六方、八方器型，甚至连宜兴驰名中外的紫砂花盆亦是采用镶身筒成型技法制作的。镶身筒技法的成型原则其实不难理解，它有点像裁缝里的立体剪裁，大多是先以样板裁切泥片，然后将泥片粘合而成。虽然其操作原理相当简单，但在成型难度与精度上比拍身筒成型有过之而无不及。只要在制作过程中，对于一部分泥片的湿度、曲度掌握不当，或是有任何一个平面歪斜，便会导致坯体入窑烧造时，坯身在千度高温下扭曲变形，如此便气势全失。所以，镶身筒技法虽然宜兴的陶手人人会做，但要使成器达到气势挺拔、力度透彻的地步，决非等闲之辈而能为了。

（一）
成 型 工 具

一件紫砂工艺品的成功，要经过十道乃至几十道复杂的成型工序，而要完成这些工序，一是要靠艺人们的制作技艺，二是要靠各种制作工具辅佐，两者缺一不可。古人曰："工欲善其事，必先利其器"。这里的"器"，就是指制作紫砂壶的工具。紫砂成型工具，经过历代艺人的不断探索和创新，现在已经形成了一整套独特的、自成体系的工具，其数量大小有几百种，质地有木、竹、铜、铁、钢、牛角、皮革、塑料等各种材料。

紫砂壶成型工具

紫砂成型工具种类繁多，也很讲究造型的美观，但前提是以实用为主。这些工具大部分靠自己制作，即使一些买来的工具，也都根据艺人们的使用习惯，经过他们自己的加工和修整后方可使用。这就要求艺人们对整个紫砂成型工艺要有系统、全面的了解，要懂得各种工具的不同用途和规格，要考虑在使用上的方便，触觉上的舒服。因此，紫砂成型工具的制作也很有学问。紫砂成型的基本工具主要有以下几种。

1. 搭子

是紫砂成型中的主要工具之一，主要用于打泥条、片子和

搭子，用榉木、檀树、枣木等硬质木制成，用于打泥条、泥片等

捶嘴、把泥片等。搭子的主要材料是榉木、檀木、枣木等，平时使用后须用湿布将其擦净放在干燥处，不能在太阳下晒，也不能用来打铁器等硬物。

拍子，用柏树、枣木、红木等硬质木制成，用来拍圆壶身筒、方器等口面的平整，可以依据壶体的大小决定木拍子的尺度

2. 拍子

主要用于打身筒、拍片子、拍口等细部处理。材料以红木为佳，一般长 28 厘米、宽 10 厘米。厚度因材质不同而异，枣木前端厚 3 毫米、中部厚 4 毫米、末端厚 4 毫米，柏木厚些，而红木则可更薄一些。拍子用过后不能浸在水里，应置于干燥处，并要避免单面受潮，以防拍子开裂。

拍身筒

3. 尖刀

种类较多，分铁尖刀、竹尖刀、通嘴尖刀、弯尖刀等。尖刀是用于琢制壶嘴、琢钮、转足、革小平面的一种普通而常用的工具，也是一种简单的雕塑工具。材料为普钢、铜、不锈钢、

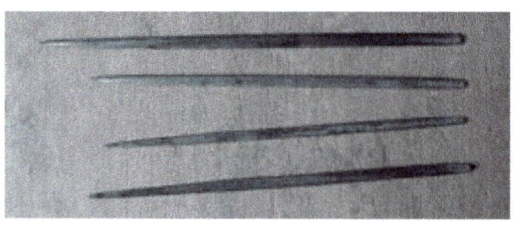

尖刀

老竹子等。其形状中间宽，一头尖，一头稍狭圆，两面线条对称，中间厚，边上薄，且成弧形。尖刀要根据不同的用途选用，其厚薄、宽窄要求不一。

4．刀

是紫砂成型中使用最广的工具。艺人们在制作过程中，常用刀进行切、削、抟、挑、挟、挖、刮等加工。刀的材料一般是普钢，且刀锋要经常保持锋利。刀柄与刀身的比例大约为6∶1。

刀、牙子、挖嘴刀、开口刀，此类用具均以钢铁制成，刀刃锋利，用于切削泥片，形似小鱼和柳叶，用途极广，角度各异的刀口皆有其功能

5．矩车

正名应为规车，它是专门用于划圆片子和开壶口的，型号有多种。矩车分车柄、车钉、站人和销钉四部分。矩车柄为不易变形的竹子，站人为厚1.5厘米以上的竹老头，矩车钉是铁的，销钉则是竹子做的。

6．线梗

用于勒光各种装饰线条的工具，线梗有牛角的、铁的、塑

矩车、墙车，特殊规格的矩车，具圆规功能的工具，主要用于裁制泥片；由竹、木、铁钉制成，若调整固定件高低，可取得特殊功能

料的，还有竹子的。线梗是根据不同装饰线条而磨制的，并根据各人使用手势习惯来确定线梗的不同角度，是紫砂成型制作中最难掌握的一种工具。

用矩车开壶口

线梗

7. 明针

即牛角片，是一种用于作品表面精加工的工具，种类多。制作明针时头子要刮平，要从上到下慢慢地薄下去，使用时要浸在清水里，不用时则要捞起揩干。

各种明针

8. 矩底、泥扦尺

这两种工具都是用竹子做的，矩底又叫底据、垫底，是垫

矩底

泥扦尺

在矩车的站人下面划片子用的。泥扞尺是用来起泥条和大片子用的，是用节距较长的竹片做成，从柄到头要逐渐薄下去，并且慢慢变窄，背面要平整，口要齐，一面成刀口状，握柄处一般正好有一个竹节。

9. 勒只、篦只、覆只

勒只是用来勒光口颈、底足与身筒交接处的工具，材料多为牛角、竹子、黄杨木等。它可根据不同的角度、弧度磨成所要求的形状。篦只用于紫砂器皿的整形，可篦去身筒上的小疙瘩和小隙丝，主要用竹筒片或木板制成。篦只种类繁多，不同器型弧度需要不同的篦。覆只是用来覆子泥的，一般用2～3毫米的竹或明针做成。

篦只，以竹制成，用以规整壶身、壶盖的弧度

10. 竹拍子

有大、中、小之分，平头及尖头拍子等几种。大、中拍子用于拍身筒，是做方货时用的；小拍子则用于推身筒接头、掠子泥、推墙刮底、做壶嘴和壶把等；尖头竹拍子可挟大面，做嘴等。

竹拍子

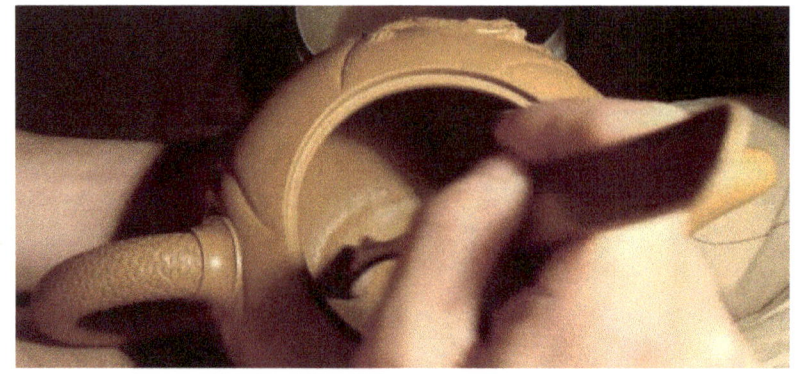

用竹拍子刮光、刮清壶体内部泥迹使其干净光整

11. 挖嘴刀、铜管

挖嘴刀是用来挖嘴洞的,为 2～3 毫米粗的钢丝烧红后加柄制成的。铜管则是钻各种大小洞眼用的,大小各异。

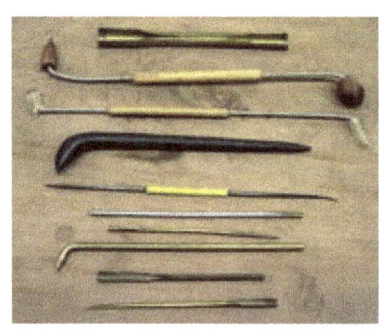

挖嘴刀,用于挖嘴孔内壁;铜管,用于钻眼孔

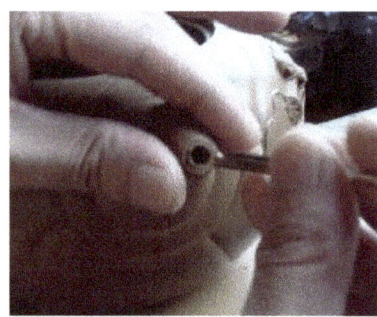

挖嘴刀控嘴洞

12. 独个

这是用作圆眼、圆嘴的工具,同时在做花货、树桩时也可作雕塑工具用。竹子做的独个具有爽泥、耐磨等优点,且取材容易,削制方便。独个一般有两种:一种是平头的,用作独盖眼的;另一种是两头尖的(一头粗,一头田),用作独嘴洞及其

他洞眼。

13. 水笔帚

是用布扎成的用于带水的传统小工具。打身筒、琢、琢把、琢钮等都离不开它的，优点是存水多，带水方便。特别是做粗货时，若坯体太燥，可直接沾水带在坯体上。

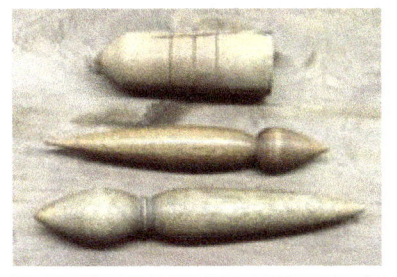

独个是用作圆眼、圆嘴的工具，在做花货、树桩时则可作为雕塑工具

除了上面介绍的紫砂成型工具外还有很多其他成型工具，因专业性太强这里不再赘述。紫砂成型工具是紫砂艺人在长期的工作在实践中发明创造出的独特工具，并且不断得到完善。它不仅关系到艺人操作的方便，还直接关系到紫砂作品的质量。

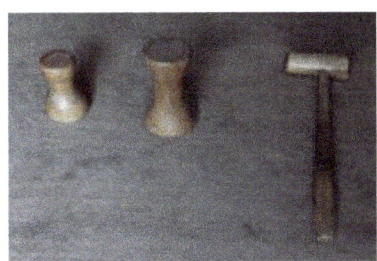

顶柱和木榔头：配合使用钤底部印章

制作中的仿古如意壶 泥坯

虚坨：用于制作手工壶盖

（二）紫砂壶造型

1. 紫砂方器

方器作品形体优美，气韵无穷，工艺严谨，造型古朴，技法独特。整体壶型透露出豪爽、遒劲、正直的阳刚之气。娴熟的制作技法，能准确表现出方器形体的点、线、面，以达到形神的融合与统一。

方器造型主要由长短不同的直线组成，其造型方中藏圆，线面挺括平正，轮廓线条分明，给人以干净利落，明快挺秀之感。宜兴紫砂历来就有很多出色的方器造型，如四方壶、八方壶、传炉壶、觚棱壶、僧帽壶等。优雅的方器造型要求线条流畅、轮廓分明、平稳庄重，多以直线、横线为主，并辅之以曲线、细线；器型的中轴线、平衡线亦要正确、匀挺和富于变化。方器除口、盖、的、把、流应与壶体相对称外，还要做到"方中寓圆，方中求变，口盖合一，刚柔相称"，使壶体不论四方、六方、长方、扁方，其壶盖方向均可任意变换，并与壶口严丝合缝。方器既为几何形体，也属筋纹形体。

以方钟壶为型，底宽而稳，向肩线收缩，弧度洗练优雅，壶身造型端庄特别，挺秀大方，盖钮与壶身造型相同，上下相应，一虚一实凭添韵味，三弯流与把背弧度前后呼应，大方自然，亦使方钟壶更为生动。

就制作技巧而言，除了要掌控泥性、熟练运用制作工具等基本要求外，更重要的诀窍便是事前要能预知烧成后的器形变化。举例来说，一把四方壶即使在制坯时做的面面俱到、方整平正，但烧制时由于泥片内应力的作用，常会导致壶面微微内缩，使整体气势尽散。所以，凡是擅制方器的老手，在制坯时不论是壶身还是壶嘴，其各块面相接之前，均要将泥片轻微拍弯，使其成为微微外鼓状，如此便可确保烧制收缩后壶型仍能保持平整。艺人这种巧妙的"视觉修正"技法，全凭个人对作品的理解和经验的累积而难以口传。

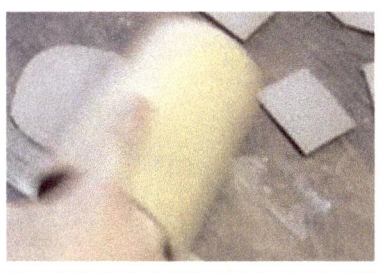

用木搭子将泥段拍打成厚薄均匀的泥片和泥条

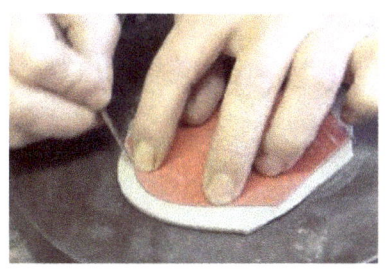

用样板裁制好壶底、壶盖、壶口、壶墙

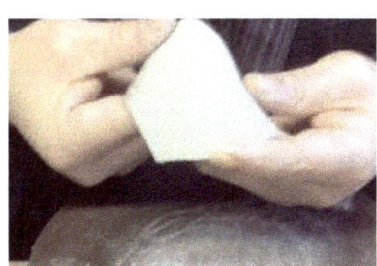

规整泥片，裁制时必须注意顶角尺度

镶接身筒，逐成壶体

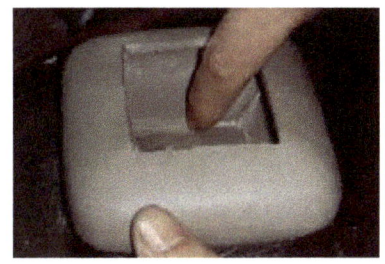

保持壶体中空及温度

粘接壶底，不使壶体变形

用竹制工具刮压壶身接口，并用竹拍子轻轻拍打四边，使其规整挺刮

用样板裁制壶口

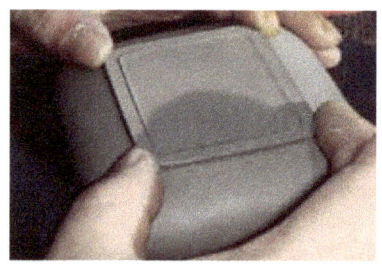

规整泥片

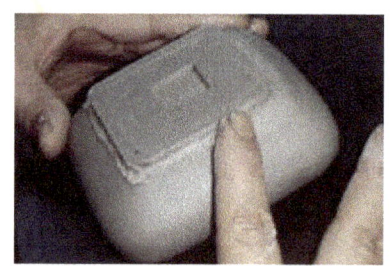

边缘处以脂泥粘接

用线梗清理加工

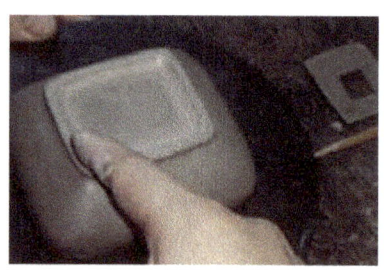

用脂泥复合壶底

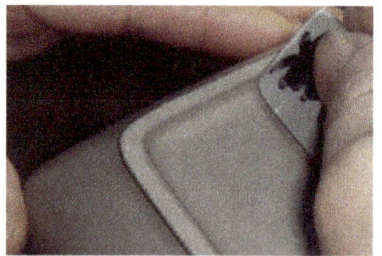

用勒只进行清理，使其光挺

粘接上壶嘴、壶把

用开口刀开出壶口，使其尺寸与壶盖相吻合

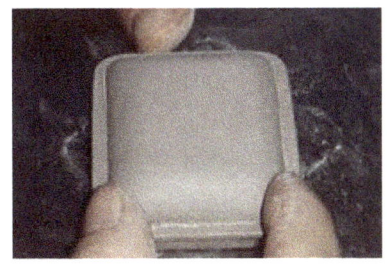
用样板裁制壶盖

盖板、盖子口粘接

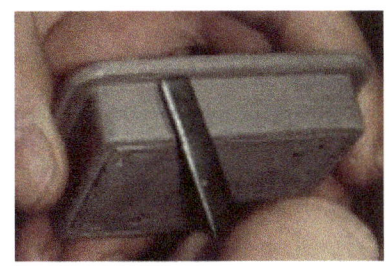
鳑鲏刀柄加工清理，使之规整

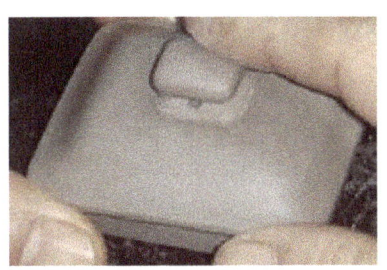
用脂泥粘接壶钮，并整理干净光洁

制作结束，让其自然干燥，即可入窑烧成

2．紫砂圆器

紫砂圆器造型主要由各种不同方向和曲度的曲线组成。紫砂圆器讲究珠圆玉润、骨肉亭匀、圆中有变、转折圆润、柔中寓刚、隽永耐看，如掇球壶、仿鼓壶、汉扁壶是紫砂圆器的曲型造型。圆器的造型规则是"圆、稳、匀、正"，使作品的口、的、盖、肩、把、流、腰的配置比例匀称流畅，协调和谐。如井栏壶周身皆由弧线构成，线条圆润而显张力，简洁而显明快；壶身虽圆似方，沉稳而不呆滞。斜斜向上的管状流和重心略为下沉的环形把使两者前后呼应，壶的造型简单却无以增减，久观仍韵味十足。

用木搭子将泥段拍打成厚薄均匀的泥片和泥条

用矩车划出壶体各部位圆形泥片

裁切拍打后的泥片或泥条

用泥条围成壶身

打身筒，先打底部，然后上好底片，翻身后将多余泥浆刮净，再打壶口部，使之与口部尺寸配合好

打好身筒后上好底片

用竹篦只规范壶身、壶腹、壶肩、壶底的弧度。

口部满片,保持壶体中空及湿度,不使壶身变形。

依壶的结构,用脂泥接口部、颈部及底部泥片

用矩车划出壶底中间部位圆形泥片

用脂泥和刮底石加工壶底使之均整

壶盖弧形的虚片,修整成预定的盖形

用脂泥粘接壶盖弧形的虚片

壶盖翻身,用勒只加工光洁

65

用泥段做成捻的子

将的子装上壶盖并清理干净

用通嘴尖刀插入毛坯嘴中心,并来回滚动形成壶嘴内壁;然后用手将毛坯弯曲成嘴形

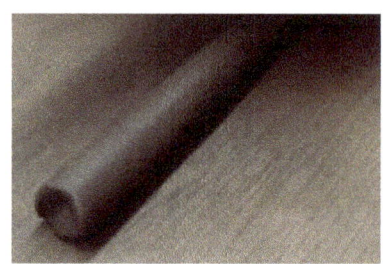

将紫砂泥搓成泥段

将搓成的紫砂泥段弯曲成壶把

用脂泥粘接壶把

钻好嘴眼,并用脂泥粘接壶嘴

校正口、嘴、把,使三者成三点一线,且最高点保持三平

用矩车划开壶口，用刀修整壶口，并与壶盖相吻合

壶体基本完成后可在壶底、壶盖钤上作者的印章；钤印时，壶底用顶柱支撑，印章对准位置，然后用木榔头敲击，使印文清晰

全壶制作结束后让其自然干燥，即可入窑烧制

3. 紫砂筋纹器

紫砂筋纹器造型主要是将形体的俯视面作若干等分，然后把生动流畅的筋纹组织于精准严密的结构中。这也是来自于瓜棱、花瓣、云水纹等自然界中造型的启迪。因此，筋纹器造型不仅在造型侧视面上寻求变化，其俯视面上的形象则更吸引人。筋纹器造型纹理清晰流畅，口盖合缝严密，是艺术与技术的极至统一。其实，筋纹器形体是从早期的六方形壶的基础上发展而来的。紫砂筋纹器造型规则是"上下对应、身盖齐同、体形和谐、比例精准、纹理清晰、深浅自如、明暗有别、配置合理"，所以大多数这类壶艺均要求口、盖、流、的、把都必须做成筋纹形，

使之与壶身的纹理相配合，且壶体与壶盖的结合要非常精密。

紫砂筋纹器的整体设计，要求线条宽窄得体，线面曲折明晰，形象生动；制作时对"角"、"线"的处理也要清晰，凹凸要相称，这样才会起到一种实体与空间互补的作用。筋纹器的通转是指按外型的等分，即使任意转换方向都能合缝，且与整体协调。如圆条壶，壶的体、盖、唇、口都是十八瓣，都要制成如一瓢般有节奏、有转折，方显工艺精湛。为"饰"者要求服从作品的主调，线角处理的明、暗、宽、窄、凹、凸、收、放、动、静也都是为了衬托主题、表现主题而服务，从而使作品更显饱满和丰腴、挺拔而雄健，真正达到了"光而不保"、"花而不俗"的境界，使艺术的感染力也更为强烈。近代常见的筋纹器造型有合菱壶、半菊壶等。

紫砂筋纹器制作过程

4. 紫砂塑器

紫砂塑器造型一般称为花货,是对雕塑性器皿及带有浮雕、半圆雕装饰器皿造型的统称。花货是将自然界中的各种形象和各种物象通过艺术手法,设计成器皿造型或器皿的装饰,如将松、竹、梅等遒劲姿态做成各种树桩造型;或者在圆器及方器上运用雕、镂、捏塑等手法,将自然形体变化为装饰造型部分,如将壶的流、把、盖、钮,或者在造型的显见部位施以简洁的堆雕装饰。而壶体上的这些堆雕,则要求宁简勿繁、主次分明,以达视觉上的和谐与平衡。为了增加作品的艺术感染力,这种壶艺造型规则应力求源于自然,而高于自然;不仅应具有适度的艺术夸张,还应着意于风格的飘逸潇洒。例如,此类壶艺以松、竹、梅为装饰题材时,要做到劲松枝干的沧桑挺拔、针叶挺秀、气势铿锵;秀竹的娴静高雅、俊美潇洒;冬梅的主干苍劲、寒中独俏、素枝闲花。所以,紫砂塑器不仅应形象生动,构图简洁,而且还应巧妙地利用紫砂泥料的天然色泽来增强作品的艺术效果。综观宜兴紫砂壶的造型,大致可划分为三类。

一类是传统造型。这是紫砂壶的主流造型,也是当市场上最受欢迎的造型。它一般以光素的形体、流畅的线条为主,间或在光素的形体上加以松、竹、梅等装饰造型;另外,还有一些严谨的筋纹器造型。这些造型在制作时需一定的制作基本功,且在制作时需要许多专用工具(如线梗、篦子、样板等)。做传统花货造型一般需花费较长的时间。此外,传统造型的紫砂壶还有一些实用的特点,即要求出水流畅,把手握拿舒服,触摸养壶方便等。紫砂壶传统造型主要来源于古代青铜器、陶器、其他古代器物和一些植物花木的形象。有些光货造型还极富有现代气息,简练抽象能给人以振奋和激情。

一类是象形造型。主要以陈设欣赏为主,它的主体通过追求形似,模仿一种器物的形象,达到乱真效果。要求制作者平时注意观察生活,观察自然,多临摹,并且要求制作者能熟练

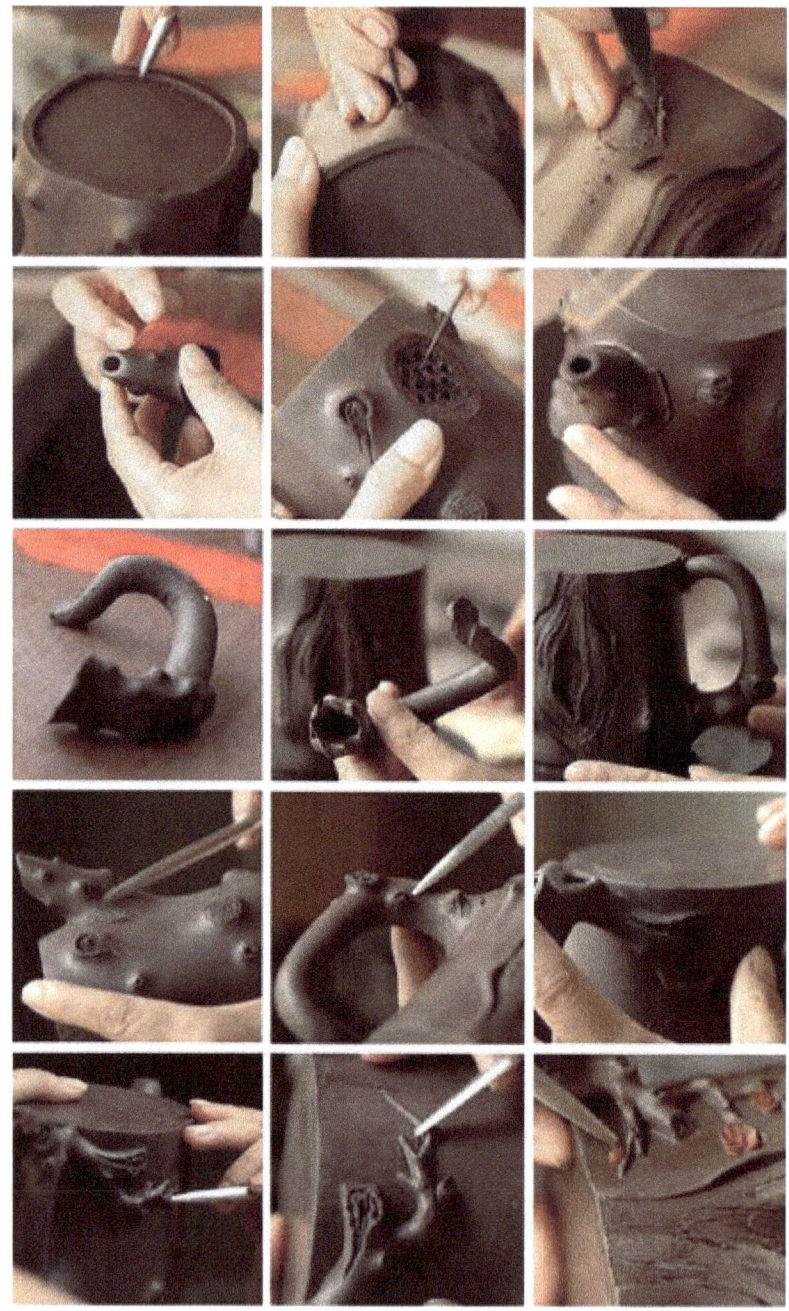

紫砂塑器制作过程

掌握泥料颜色的运用和搭配。这一类壶虽有较强的艺术陈设性和观赏性,但不实用,它很受初识紫砂壶人们的青睐,可满足人们的好奇心。

一类是陶艺壶。随着世界陶艺的发展、交流,使紫砂艺人思维日趋活跃,现代陶艺的

各国陶艺家在紫砂泥板上留下手印作为纪念

思想也开始渗透到紫砂壶的造型。他们依据陶艺的创作思想和方法,利用紫砂泥极好的可塑性,创造出一些传统以外的造型方法,烧造出一些陶艺壶。这种壶放弃了传统的制作程序,不拘形式、自由发挥、手法多样、轻松随便,出现了一些具有新思维、新格局的"怪壶"。

当然,紫砂壶的造型也不能囿于传统,尤其是近年来,艺人的艺术境界大为提高,思路也更为广阔,从而使造型变化更加丰富多彩。

需要说明的是,紫砂成型过程中的精加工序也极为重要,它使制品形成一层致密的表皮层。由于它的存在,扩大了制品的烧成范围,不论是正常烧成温度的上限和下限,表皮层都能烧结,而制品内壁仍能形成气孔。因此,紫砂成型的精加工艺,具有把泥料、成型、烧造三者有机地结合在一起的作用,并赋予紫砂壶表面以光洁,从而达到虽不挂釉而富有光泽、虽有一定气孔率而不会渗漏等特点。

紫砂百果及灵犬摆件

紫砂壶的装饰

紫砂壶的装饰是一门有着悠久历史和丰富感染力的艺术。明朝末年至清朝乾隆年间是紫砂陶艺的全盛时期，此时紫砂业发展迅速，紫砂器皿不仅门类齐全、造型雅致、做工精巧，而且非常注重装饰性。初制的紫砂坯须经过精心的修整，有的还要加以装饰，其装饰手法通常有：刻、塑、雕、琢、贴、绘、彩、绞、嵌、缕、釉、堆、印、镶、漆、包等工艺。紫砂壶的装饰技巧亦有独到的特色之处，其惟妙惟肖、巧夺天工，常使人有百看不厌、常看常新之感，令人赞叹。

陶刻装饰艺术，集诗词、书画、文学、篆刻于一体，而题词、题跋则进一步把紫砂壶艺术推向更高境界。壶身铭刻的内容与茶切、与壶切、与水切、与形切、与装饰相切，茶句、词句则从论茶延伸到哲学、伦理、道德、知识诸多领域。所有这些都升华了装饰的内涵，而深蕴在其中的民族文化属性也渗透进紫砂壶艺中，并使其自身品位得到了提高，使珍赏和珍藏紫砂壶的人趋之若鹜。

紫砂新罐买宜兴，好将书上玉壶冰

以后，文人书画家积极参与和提倡的刻画装饰，则逐渐成为紫砂壶装饰的主流，使得文学、书法、绘画、篆刻等诸多艺术融入了紫砂壶中，从而使紫砂壶成为内涵深远且极具有文人气质的综合艺术作品。

其实，紫砂壶在创始时期已与文人雅士结下了不解之缘，被尊为紫砂创始人的金沙寺僧龚春幼时曾为书童，从小耳闻目染文人饮茶品茗的风雅之举。文人们借艺寄情，自然在紫砂壶上体现文人的崇尚、兴趣与爱好。而文人以简朴素净为特色的趣味，又正好与紫砂壶的天然质朴相吻合。

用泥绘和陶刻字画装饰紫砂壶可算是一种上乘之作，但历代艺人的书画技艺比起专业的书画家来说尚有很大距离，这也是为什么历代传世紫砂作品中最有名的当推曼生壶。所以，只有文人书画家来参与和提倡泥绘和陶刻装饰，将文字、书法、绘画、篆刻融于紫砂壶艺中才能形成紫砂装饰的主流。

紫砂壶销往泰国以后，泰国的工匠艺师们将紫砂壶的钮、盖沿、颈口、壶脚圈及壶嘴这些容易被损坏的地方进行打磨、抛光，然后再以精湛的技艺镶嵌了铜、锡、金、银等进行装饰，使紫砂壶艺别具风味。

（一）
装饰的手法种类

1. 线条装饰

此法目的在增强紫砂壶造型的优美，包括灯草线、子母线、云肩线、凹凸线、皮带线、凹肩线、筋囊线、抽角线、折角线及云水纹、如意纹、菱纹、花瓣纹等。

灯草线装饰

灯草线是一种状如灯草的细圆线,用在壶口称翻口线,用在底足部则称底线,也可成组或单独用于肩和腹部,增加装饰效果。

子母线是1组一粗一细的平行双线,又称文武线,常用于壶的口盖组合;一般粗线在上,细线在下,使器形更趋稳定。

云肩线是用于紫砂壶肩转折处的线条,目的在加强造型线条的韵称和节奏。

凹凸线一般用于器腹部,以线条的粗细、厚薄和宽窄变化达到不同的装饰效果。有的紫砂壶由上下两半镶接成型,在接合的腹部加贴凹凸线或皮带线以掩盖接痕,增强镶接牢度。

凹肩线是壶肩部的一种双曲线,以增加造型变化,同时使器形更趋厚重感。

筋囊线也即筋纹器表现筋囊的垂直线条。

抽角线和折角线主要用于方器转角部的处理,使之藏锋

子母线装饰

云肩线装饰

凹凸线装饰

筋囊线装饰

隐角、方中寓圆，以增加器形变化。

云水纹、如意纹、菱纹和花瓣纹是构成壶身装饰云水、菱形、如意、花瓣形状的凹线，布满器身，使紫砂壶愈发显得流畅贯通。

抽角线、折角线装饰

如意纹装饰

花瓣纹装饰

菱形、如意纹装饰

2. 刻画装饰

陶刻是紫砂壶装饰的主要形式，由在壶底镌刻署款发展而来。通常，在壶身镌刻诗句的文字书体有篆、隶、楷、草，清代中期以后则发展为书画并刻。壶身一面镌刻壶铭，另一面则刻绘画，将造型、诗文、绘画、书法、金石汇于一体，形成紫砂壶装饰的独特风格，使紫砂壶满含书香风雅的文化气息。

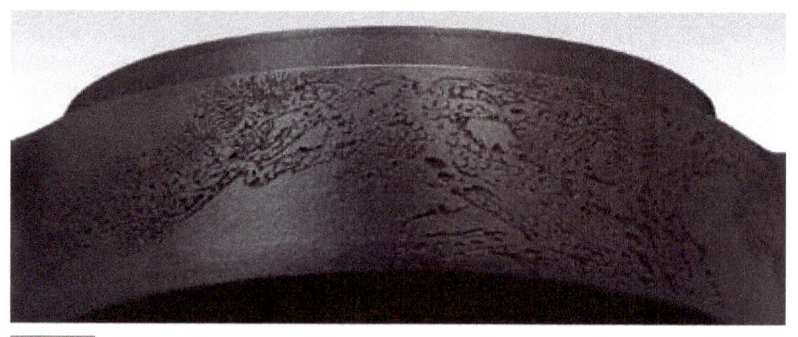

陶刻装饰

刻画装饰在坯体入窑烧造前进行，有印刻和空刻两种手法。印刻是先将绘画的图稿摹绘于紫砂壶坯体上，然后运刀依样镌刻；空刻则是直接在坯体上刻画，事先不需在坯体上摹写图稿。因此，空刻是相当高超的技术，操作者不仅须有扎实的文学、书法、绘画、篆刻功底，而且还须有精湛的雕刻技艺。有的绘画刻好后还要着色，即利用紫砂泥天然色泽，淘洗成纯净的泥浆，用中国传统绘画的渲染技法在刻好的笔划中填色，使画面更具装饰效果。

刻画装饰的题材极为广泛，形式也丰富多彩，有山水、人物、花鸟、博古诸多图案，绘画多选自《芥子园画谱》。镌刻手法则广泛运用金石用刀方法中的双人正刀法、单人侧刀法等近十种刀法（清末，刻画艺人已形成一支专业队伍，刻画装饰也成紫砂壶生产流程中一道不可或缺的工序）。

刻画装饰

3. 印纹装饰

即将装饰纹样先刻在模板上，模板的木质必须细密坚硬，然后压印出带有花纹的泥片，再将花纹泥片与壶体其他泥片镶接成型，是一种由刻画装饰衍生出的装饰手法。印花装饰与刻画装饰的区别是，前者为凸起的阳文，而后者的花纹是陷入胎体的阴文。印花装饰不仅有花纹图案，还有文字，如传世曼生壶中的瓦当壶及四方回纹瓶等。

印花装饰

4．泥绘装饰

就是在已成型且尚有一定湿度的坯体上，用本色泥料、白泥、朱砂泥和乌泥等其他色泥调制的泥浆，堆画一定厚度的花鸟或山水纹样，犹如薄浮雕。其艺术效果极佳，是在明代沈君用所创浮雕装饰工艺基础上发展起来的。泥绘装饰工艺流行于清乾隆时期，且历朝沿用，但以道光时制作最多。传世的杨季初"雪江待渡图笔筒"就是一件典型的泥绘作品，画面似一幅中国传统绘画，漫天一片银白，老者待渡雪中，情致栩栩。但是，泥绘装饰有一个缺陷，由于工艺方法是用泥浆在似干未干的紫砂坯体上堆画，常常因两者干湿度差异使图案附着力变小，故在日常因温度冷热骤变时（如泡茶），容易使画面磨损和自然脱落，从而影响紫砂壶的美观，也限制了泥绘装饰工艺的广泛使用，所以传世泥绘作品比较少。

泥绘装饰

5. 贴花装饰

其做法是采用印模，即先将用作装饰的图案纹样模印好，经过加工修饰，然后粘贴于紫砂壶的装饰部位。用于制作贴花的泥料，可以是与坯体相同的本色泥料，也可以是不同的其他色泥料。从装饰效果看，同色泽贴花显得沉着浑朴，具透视感；不同色泽贴花，特别是比坯体色泽浅的贴花则纹样突出显明，色彩对比强烈，气氛也活泼而欢快。此法出现于清初。

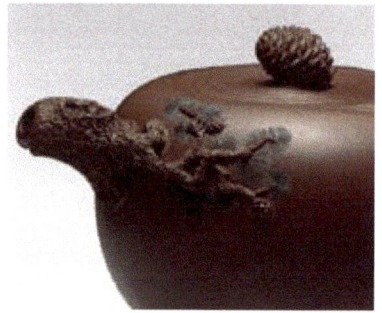

贴花装饰

6. 捏塑装饰

宜兴紫砂泥以稳定的可塑性、结合性等诸多特点赋予了紫砂茗壶手工成型等多种工艺方法。捏塑装饰源于瓷器的堆塑，

捏塑装饰

同时借鉴玉器、石雕的韵致，竹刻木雕的细腻。其中，花塑器制作多以捏筑为胎，再用泥片镶接、围坯成型，然后在其壶身桶上进行捏、雕、琢。常见的饰物有竹叶、葡萄藤、瓜果、梅花、梅树干和松鼠等形象。捏塑装饰一般除了表现对象的特征外，更注重形象图案的肌理质感、茗壶的注水功能、安全牢固、触觉舒适和视觉美观等。捏塑装饰除用本色壶泥制作外，也有用多种天然泥色相配的，或用化妆土粉饰，以增加其装饰效果。

7. 绞泥装饰

绞泥亦称绞胎，即先用两种不同色泽的泥料相间揉和，挤压成泥胎，形成似木理纹、水波纹、花石纹、蝴蝶纹和流云纹等自然花纹，使作品色彩对比鲜明，极具自然之趣。绞泥装饰需特别注意不同色泽泥料烧造时的收缩率，否则边缘会产生裂缝。

绞泥装饰

8. 调砂、铺砂、色泥装饰

素面宜兴紫砂茗壶以砂质星星隐现，色泽古朴见长。从古至今，壶艺家们千方百计改善和丰富壶面肌理，其中常见的技

调砂装饰

铺砂装饰

色泥装饰

用色泥制作成的牡丹富贵图

法有调砂、铺砂和色泥三种工艺。

调砂装饰是在细润的泥中掺以粗砂粒或细砂粒，由于泥质不同，饰面烧造时的收缩率也不尽相同，因此成陶后饰面会产生梨皮泥的效果。

铺砂装饰是在坯体表面嵌入本山绿泥的砂粒，经烧成后可在器皿表面产生星星闪烁的艺术效果。

色泥装饰是在壶上用两种或多种泥色，采用表面粉饰、点缀、嵌合等手法，突出主体部分，以达到丰富塑造对象的自然效果。

9. 釉彩装饰

是吸收瓷器的釉彩装饰工艺而发明的紫砂壶装饰方法，在素烧的紫砂壶上加施釉彩，此法始于清初康熙年间。以后又出现珐琅彩装饰，乾隆时又出现粉彩装饰。乾隆粉彩紫砂壶甚至可与瓷器媲美，非常精细，是釉彩装饰中质量最好的。嘉庆道光时出现了以蓝釉为底色、用白釉作书法或绘画的蓝白彩装饰，还有一种不施底色，用釉彩直接在壶体上进行绘画等装饰的点彩，再有一种则是在紫砂胎骨上施满釉的称为炉钧釉彩装饰。

对于紫砂壶釉彩装饰，业界存在两种截然不同的评价。肯定者认为施釉加彩，开拓了紫砂壶装饰工艺的新途径；否定者认为，紫砂壶施釉加彩，美则美兮，却改变了紫砂壶的面貌。所以，清人阮葵生在《茶余客话》中说："近时宜兴砂壶，复加饶州之鎏，光彩射人，却失本来面目。"其实，紫砂壶施釉加彩，便失去了其最具特色的古朴之美，这可能是当时艺人为了迎合宫廷追求奢华富丽风尚不得以而为之。而且紫砂壶加釉彩以后，壶体表面的气孔也会因此被堵塞，从而影响紫砂壶宜茶的独特功能。

釉彩装饰

炉钧釉装饰

10. 镶嵌装饰

此法借鉴金银错工艺技法，先在紫砂壶坯体上刻饰好细致的阴文纹样，经烧成后再嵌入金、银、铜等金属丝，然后整平磨光，使朱紫色的壶身展现出金黄色或银白色的精美图案纹样，极其富丽堂皇。

镶嵌装饰

11. 浮雕装饰

具有清新悦目，形态逼真的特点。其中的雕漆装饰，是在紫砂壶表面一层一层地涂漆，并使之积聚到一定厚度后，再在漆面雕饰花纹图案，是借用中国髹漆工艺的一种装饰技法。雕漆紫砂壶传世极少，主要为宫廷使用。

浮雕装饰

锡包嵌红木方壶

四 紫砂壶的装饰

雕漆装饰

包金装饰

翘嘴磨光提梁壶

此外，紫砂壶装饰工艺还有雕玲珑、镶金边、包锡、抛光、包铜等各种技法。其中，抛光紫砂壶主要出口泰国，包锡技法则已失传，而包铜壶的紫砂部分在宜兴定制，然后运到山东威海卫加工包铜，清末光绪时制作较多，主要出口泰国等东南亚地区。

上述各种装饰工艺虽不乏精品，但从壶艺发展史的角度来看，其中单纯追求华丽灿烂的装饰方法远离了紫砂壶实用与工艺相结合的原则，反而喧宾夺主，所以只能偶尔为之。

（二）装饰的文化底蕴

宜兴紫砂壶的文化底蕴源于中国悠久的陶文化和成熟于唐代的茶文化相互融合，主要表现在紫砂壶的造型、泥色、书法、绘画、铭款、雕塑和篆刻等诸多方面。紫砂高手善以壶为主体，将其他诸艺术融于一体，使紫砂壶达到形神兼备之境地。宜兴紫砂最大的特点是素质、素形、素色、素饰，因其不上彩、不施釉而更显质朴无华，故常使人对它情有独钟，古今多少诗人、画家对它的喜爱已达到如痴如醉的地步，可见其感染力之大。

现在紫砂学界有一些学者还对紫砂茗壶进行划分归类。第一类是讲究内在文化底蕴、追求文心、提倡素面素心清雅风貌的、具有传统文人审美风格的作品。此类茗壶通常在壶体上镌刻题铭，因其切壶、切茶、切景而成为三绝，被世人称之为"文人壶"。第二类是具有富丽鲜亮、明艳精巧的市民趣味作品。此类茗壶通常在砂壶上用红、黄、蓝、黑等泥料绘制山水人物，草木虫鱼做纹饰，或镶铜色银，被世人称为"民间壶"。第三类作品是将砂

清乾隆　宜兴紫砂胎珐琅彩描金菊瓣壶

四 紫砂壶的装饰

紫泥情绘石头记，寡欲清心思前贤

壶进行抛光处理，并镶以金口金边，造型风格则迎取西亚及欧洲人的审美趣味，有明显的外销风格，被称为"外销壶"。第四类则是不惜工本精雕细琢，讲究豪华典雅的宫廷御用紫砂茗壶，被人称之为"宫廷壶"，此类器物代表了当时紫砂制陶技艺的最高成就。

　　自明迄今，宜兴紫砂还有一个独特的现象，即许多文人墨客也纷纷参与紫砂陶器的设计、书法、题诗、绘画和刻章，与陶艺师共同完成每件作品，从而使紫砂壶上的题诗镌刻内容完全提升至文学高度。此种风雅曾一度发展到"字依壶传、壶随字贵"的境地。其中，较著名的有陈继儒、董其昌、郑板桥、陈曼生、任伯年、吴昌硕、黄宾虹、唐云、冯其庸、亚明等，而影响较深远的则首推陈曼生。这对扩展和深化宜兴紫砂的内涵起到了极其重要的推动作用。而这种现象在其他工艺领域是非常罕见的。

陈鸿寿，字子恭，号曼生，浙江钱塘人（1777～1822），西泠八家之一。陈鸿寿善画山水，讲究简淡意远，疏朗明秀效果，诗词文赋造诣精深；他一生酷爱壶艺，是一位杰出的陶艺设计家，曾设计壶样十八式，并多与杨彭年兄妹和邵二泉等人合作。他设计的壶型多为几何体，质朴简练、大气，为前代所没有，深受文人雅士的喜欢，被称为"曼生壶"。陈曼生开创了紫砂壶的书刻装饰，曼生壶铭极富文字意趣，格调清新、生动，耐人寻味。至此，中国传统文化的诗、书、画三位一体的内涵风格在陈曼生手中才完美地与紫砂融为一体，使宜兴紫砂文化达到了一个新的高度。

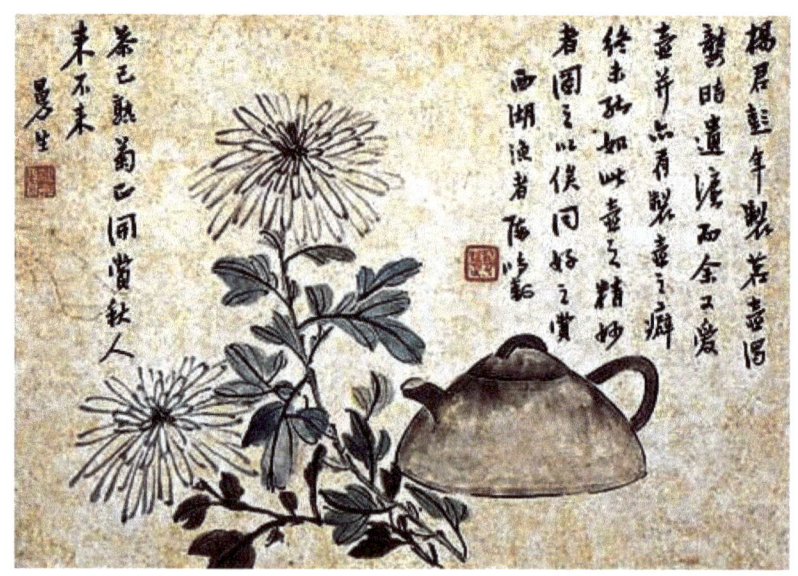

陈鸿寿的菊壶图

紫砂壶的焙烧工艺

陶器是泥土和火结合的艺术，人类祖先借助于火的威力赋予泥土以生命，使泥土得以升华。烧制紫砂壶的窑炉通常有龙窑、倒焰窑（包括方、圆、间隙式窑）、隧道窑（烧煤、烧重油或用电）、推板窑（烧煤、用电或烧液化气）和现今普遍采用的电炉。

现代煤气窑及内部结构

紫砂生胚进窑

考古发现，烧造紫砂壶的窑炉，经历了龙窑、倒焰窑到隧道窑的演变。其中，龙窑使用时间最长，直到1957年才被倒焰窑取代。1973年，隧道窑又取代了倒焰窑。北宋宜兴羊角山早期紫砂窑址就是条小龙窑（一条宽1米左右、长十余米的龙窑），明清时期，则多以龙窑烧造紫砂。龙窑通常以茅草、松柴作为燃料，而倒焰窑大多以烟煤作为燃料，隧道窑则多以重油烧造。

（一）
烧　炼

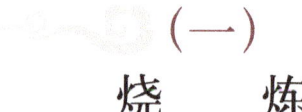

紫砂壶从明代中叶起就开始用匣钵（俗称掇罐）烧成，从而防止了产品表面发生火刺和色泽不对称等缺陷。同时提高了制品装窑密度，有效地利用了窑内空间。

五、紫砂壶的焙烧工艺

前墅古龙窑外景

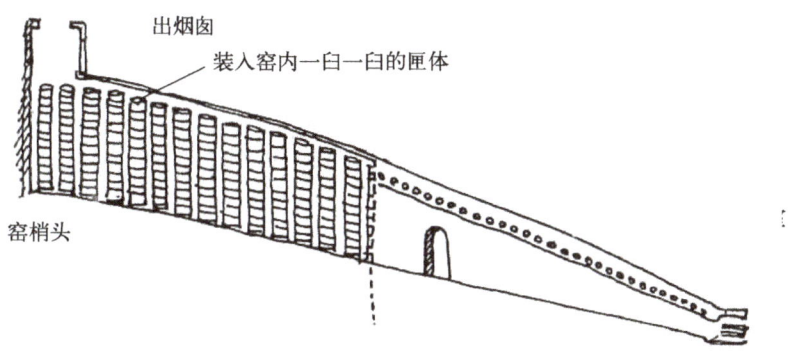

出烟囱
装入窑内一臼一臼的匣体
窑梢头

古龙窑纵截面

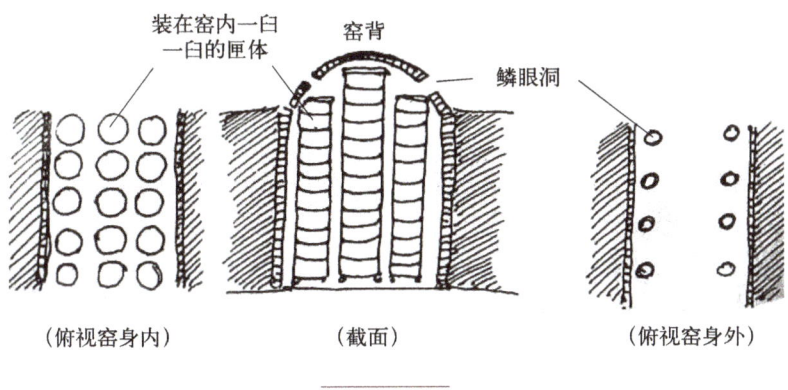

装在窑内一臼一臼的匣体　窑背　鳞眼洞

（俯视窑身内）　（截面）　（俯视窑身外）

古龙窑横截面

91

紫砂泥只有经过火的洗礼才能成器并逐步升华

正在点火的前墅龙窑

最原始的窑，是利用现成的山洞或者靠人力挖掘洞穴而成。烧窑的燃料为松枝、硬柴等，烧造温度在1 200摄氏度左右。测定青龙山北麓古群窑中的陶片发现，古陶片的吸水率为3.54%、气孔率为8.5%、密度为2.4，可见当时宜兴日用陶的烧结程度已经相当良好了。

"百和丹砂百炼陶"。紫砂壶在制坯成型、陶刻装饰等工序完成并完全干燥后，需用匣钵装套入窑，然后放在1 000摄氏度的高温中烧炼。紫砂壶的烧炼也是一门颇深的学问，烧窑者需要有非常熟练的经验。

龙窑的烧成可分为预热、烧窑和冷却三个阶段。预热阶段在窑头燃料室加热，使用煤作为燃料。烧成阶段是在窑顶燃烧孔投入燃料；燃料可以是松柴、块煤、煤粉三种。而过去龙窑均习惯以松柴作为燃料，取其发热量高、火焰长和灰分杂质少的优点。自1958年后，则以块煤作为燃料；个别龙窑还以煤气燃烧，故更加节约燃料，工人的操作条件也大为改善。龙窑烧窑操作，全凭烧窑工人目测火焰温度和坯体变化情况来决定。所以，必须掌握"缓烧勤看"的原则。两边烧窑工人还应经常交换对火色的意见，使窑内温度保持均匀，以使两边产品同时烧成。

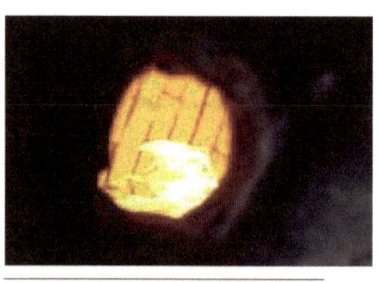
透过鳞眼洞可以看到窑体内的火光

陶土含铁量与成品颜色

陶土含铁量	正常烧成后的颜色
0.8%	白色
1.3%	灰色
2.7%	淡黄色
5.5%	淡红色
8.5%	红色
10.5%	深红色

在正常烧成条件下,陶土含铁量不同,其产品的呈色也各异。烧造环境对紫砂壶的显色影响也非常大,运用精湛的烧成技术,可以获得人们所要求的紫砂色泽。

(二) 窑 变

所谓窑变是指陶瓷在烧成过程中,原料中的某些化学物质,经一定量的一氧化碳渗入作用发生材质结构上的转换而产生的一系列变化(主要体现在色调和层次两个方面),从而烧制出丰富而特殊的状态与效果的过程。那种把生坯烧熟或几种物质融化流淌的现象并不叫窑变。

此窑汗残片取自宋代羊角山古窑址,为龙窑内壁经数百年燃烧,黑松之油脂与窑内尘灰累积而成,坚硬似铁,千年不化

龙窑壁上的陶土在多年的高温下已成为结晶体，透过鳞眼洞的阳光衬托，显得格外古朴沧桑

明万历三十二年，紫砂名家时大彬精选上等紫砂泥，调配成各种泥色用以制作紫砂壶。同时，他摒弃了陈旧的裸胎露烧法。陶都自从发现了石骨泥以后，就开始用龙窑烧造有名的紫砂壶。陶工们运用不同的火焰，烧成各种多变的颜色。时人吴梅鼎在《阳羡茗壶赋》里写道：若夫泥色之变，乍阴乍阳；忽葡萄而绀紫，倏橘柚而苍黄；摇嫩绿于新桐，晓滴琅玕之翠；积流黄于葵露，暗飘金粟之香；或黄白堆砂，结哀梨兮可啖；或青坚在骨，涂髹汁兮生光。彼瑰琦之窑变，匪一色之可名。如铁如石，胡玉胡金。备五文于一器，具百美于三停。远而望之，黝若钟鼎陈明庭。迫而察之，灿若琬琰浮精英。岂隋珠之与赵璧可比，异称珍者哉。

紫砂壶入窑烧炼后耐火度较高，不易变型但容易变色。起初，紫砂壶烧成后的颜色呈黯紫色，这是一种古雅幽静的色调。以后，紫砂泥料经过历代名匠的调合配制，发明了许多颜色，如海棠红、朱砂紫、葵黄、墨绿、白砂、淡墨、沉香、水碧、冷金和闪色等，此外还有葡萄紫、榴皮、梨皮、豆青、橘柚黄、新桐绿等色。其中，最好的是紫色，紫色壶入窑烧炼即呈古雅的青黑色，俗称乌灰。这些多种多样的色彩，有的是泥料的天然本色，有的是艺人们利用不同的泥料调配而成，并在烧炼过程中发生种种物理变化或化学变化所形成的，即所谓的"种种变异，妙出心裁"。

人们发现紫砂壶能烧成各种颜色的过程，可能和仿制钧瓷有关。众所周知，钧瓷的色调是因釉色而呈现出来的，紫砂壶则是在泥坯胎身上烧出的各种颜色。紫砂壶的特点是：不施釉，淡墨或黝紫的壶身上布满着银砂、朱粒，隐约发光。所谓"黝若钟鼎，灿如琬琰"在古雅静穆的色调中，显现出各种颜色的星星光点。

明万历年间，宜兴陶人欧子明创建了欧窑（又称宜钧），他在继承宋代南北各名窑成就的基础上，烧成了形如宋代哥窑的片纹、官窑的青色和钧窑的紫彩。要达到如此烧造境界，只有通晓各种陶土、釉色的变化原理，纯熟地掌握烧造技术和火候之后才能做到。欧窑大多用紫砂做胎（故胎为黑紫色），釉彩则红若胭脂、青若葱翠、紫若墨黑，间有葡萄紫色，其中又以灰蓝色最为珍贵。

清中期 紫泥宜钧釉汲直壶

其实，窑变并不稀罕，稀罕的是要变出动人心魄的效果，以及掌握定向窑变的技艺。俗话说物以稀为贵，古代在整个钧窑中往往只能挑出几个甚至一二个成功的作品，这不是因为只有这几个东西产生了窑变，而是由于反应的自然性和特殊性，这几个才出现了浑然天成、如诗如画般的神奇面貌。因此，真正意义上的窑变必须符合作为旷世珍品的诸多条件，要让人有百看不厌、浮想联翩、引人入胜的美感。这，方能成为无价之宝。

外国游客亲身体验紫砂艺术的魅力

经典紫砂壶鉴赏

抽象地讲，紫砂的审美可以总结为形、神、气、态这四个要素。形，即形式的美，是指作品的外轮廓；神，即神韵，一种能令人体验出精神美的韵味；气，即气质，是陶艺所蕴涵的特质美；态，即形态，是作品的高、低、肥、瘦、刚、柔、方、圆等各种姿态。只有这几方面融会贯通，才能成为一件真正完美的好作品。

当然，作为一件实用工艺品，它的适用性也是非常重要的。因此，要依据饮茶的习惯、风俗，有选择地决定壶身的容量、壶嘴出水的流畅，壶把端拿的省力舒适等。

鉴赏紫砂壶的工艺技术，通常分为三个层面。一是合理有趣、形神兼备、制技精湛、赏心悦目、雅俗共赏，能使人爱不释手的上乘佳作；二是做工精致、形式完整，且面向市场批量复制的高档商品；三是按地方风俗习惯、大小规格、形式多样、做工一般，广泛流行于民间的普通日用品。

在鉴赏一件紫砂作品时，首先要看它形式的完美与做工的精湛是否浑然天成，其次是完整器形上的装饰，是否有锦上添花之效。此外，还要审视纹样是否适合，装饰的取材（指题材、内容及材质），以及制作的手法。这些不仅关系到创作者平时的素养水平，还关乎鉴赏者的审美着眼力，譬如，作为紫砂传统装饰的陶刻要使人达到玩味无穷的境地，反映铭题的内容首先必须体现出切情合理的文学词藻，书法、绘画的美妙和格调的高超，以及镌刻刀法、金石韵味的精到。而且真正由名画家绘制的茶壶，必须是一个画面一个壶；若经过反拓，或批量印刻则失去了意义。艺术讲究的是感觉。一把紫砂壶造型的优劣，全凭个人的感觉，真所谓只可意会、不能言传。艺术上的感觉，全靠心声的共鸣，心灵的理解，即所谓心有灵犀一点通。历史上遗留下来许多传统造型的紫砂壶，例如石瓢壶、仿古壶、掇球壶、井栏壶、水平壶、秦权壶、鱼化龙壶、瓦当壶、东坡提梁壶、洋桶壶、风卷葵等都是经过时间的冲刷而传承下来的、仅存的优秀作品，即使用现代人的眼光去审视，也仍然在闪烁发光。

（一）石 瓢 壶

石瓢最早称为石铫，铫在《辞海》中意为：吊子，一种有柄、有流的小烹器。铫从金属器皿变为陶器，最早见于北宋大学士苏轼的诗《试院煎茶》："且学公家作名饮，砖炉石铫行相随"。苏东坡把金属铫改为石铫，这与当时的茶道有着密切的关系。苏东坡贬官到宜兴蜀山教书，发现用当地的紫色砂罐煮茶比铜、铁器皿味道好，于是他就地取材，模仿金属吊子设计了一把既有流（壶嘴），又有梁（壶提）的砂陶之铫用来煮茶，这铫即被后人称为东坡提梁壶，这也是最早的紫砂石铫壶。

从留传于世的石铫壶看，至陈曼生、杨彭年时期，已有了很大的变化，主要是更趋向于文人化、艺术化。曼生石铫主要特色是上小下大，重心下垂，使用稳当，壶嘴为矮而有力的直筒形，出水畅顺，壶身呈金字塔，形式端庄。"曼生石铫"与"子冶石铫"相比，虽同为彭年所制，但前者更显饱满而

石瓢壶

丰润，后者则刚烈而古拙，这可能与每个人的性格有关。以后，顾景舟引用古文"弱水三千，仅饮一瓢"诗句，从此将石铫称为石瓢壶。

石瓢从问世以来之所以会经久不衰，笔者以为：石瓢就好比一位音乐家创作的一首成功的曲子，委婉动人；后来的演奏家在演奏同一曲子时，都在自己理解的基础上，不断进行创新和演进，从而使名曲长演长新，长演长盛。此外，由于紫砂石瓢壶的形制比例十分符合美学的黄金分割比率，使其不仅含有审美要素，而且还适合于实用要求。正因为简洁、适用，石瓢壶从诞生之日起就为世人所倾慕。可以断言，只要茶文化存在，质朴、典雅、适用的石瓢就一定会存在，并随着时代和人们审美意趣的变化而继续发扬光大。

（二）仿 古 壶

茶壶造型最初源于古代战场上的鼓型，鼓作为两军交锋时鼓舞士气的工具，擂鼓助威，说的就是它，壶身简便是取自鼓身经过演绎后而得，仿古应为仿鼓。

仿古壶为壶中经典的款式，经过历代众多名家大匠锤炼后，已达到炉火纯青的地步。据资料显示，仿古壶最早见于近代赵松亭，按吴大澂授意所作。其特点是：身扁、腹鼓、颈高、盖板平滑，壶盖与口沿子母线吻合严密、虹钮有势、合成圆线饱满、扁钮有力；圆圈把匀势而起，有些款把圈下有垂、富于灵动，整体骨肉停匀、收展有度，有一气呵成之势。此壶以冰心道人所制为最佳，亦为其晚年代表作之一，后经顾景舟改进成如意仿古，则更是锦上添花，神韵天成，亦为传世之器。此外，近代汪宝根所制仿古葵壶亦多效仿此仿古款式。

仿古壶

（三）
掇 球 壶

　　为典型的几何型传统圆壶式，也是最优秀的紫砂壶代表款式之一。它的基本造型是壶钮、壶盖、壶身由小、中、大三个顺序排列的球体组成，故名。掇球壶在盖沿和口沿还各塑一条粗细不同的烧线，这种上粗下细复合在一起的双线，称为天压地或文武线、子母线。

　　清代的邵大亨、邵友廷都有掇球壶佳作传世，民国时期的程寿珍（邵友廷的养子）所作掇球壶更是名重一时。"寿珍掇球"其造型以优美弧线为主体，线条流畅，浑朴潇洒。"掇球"之球者，圆也，周而复始，始而为周，反反复复，永无止也。掇球，上中下三球，上者为天，下者为地，中者为人，人于天地之间，顶天而立地。处天地之间，与天地相和谐，融我于天地之中，而使天人合一，物我同化，圆圆满满。

掇球壶

此壶可称紫砂艺术史上一巅峰之作,曾获1915年美国旧金山"太平洋万国巴拿马博览会"奖状和1917年美国"芝加哥国际赛会"优秀奖。

(四)
莲 子 壶

借用佛家的梵语,可谓"莲由心生,心生万相"。

莲子壶一种是源于开始流行于明朝崇祯年间的"莲子罐",直口垂肩圈足,鼓腹长圆身,附盖者盖面略鼓,整体造型似一颗莲子。清初盛行莲子壶,有高莲子、古莲子、大莲子等。后来由古朴敦厚到清秀俏丽的演变中,盖子盈起,上加珠钮,愈显高耸;二弯小流胥出于壶肩,轻巧娇娆;壶把如美人手臂作叉腰状,亭亭玉立之姿。莲子壶招人喜爱,成了任人打扮的小姑娘。贴花的如意莲子、菱花莲子也好,换盖的平盖莲子、牛盖莲子也罢,喜欢就好。

另一种矮身筒莲子壶,又称扁莲子。如同扁墩、仿古井栏的身型,壶钮变桥式为圆珠或牛鼻,冠名为平盖莲子或牛盖莲子。一直奇怪这种称呼的来历,裴石民、顾景舟等前辈都曾制作过牛盖莲子,洋溢着典雅的书卷气。

花货莲子壶以自然界中荷花、莲蓬等自然形象加以简化,结合实用,变形为壶。莲子壶中有素色的,代表作品有清代陈鸣远的莲形壶、民国王熙臣的莲蕊壶。

菊瓣莲子壶

莲子壶

(五) 柿圆壶

柿圆壶,因形似柿子故名。壶为平圆盖,扁圆钮,弯流,圈把,包底口线片,形制简练,品壶可亲,广为流传。

凡初学紫砂制作者,均以此为摹本,其含紫砂技艺之基础,摹之可领悟壶身、肩、肚、脚之比例之美,功能之合理。《阳羡砂壶图考》刊陈煌图紫砂大壶一持,并注说明:"披云楼藏紫砂大壶一持,气格浑厚,把与流意存明季风度,意味颇近鹤峰。"壶底刻:"明月一天凉似水,竹刀刻。"壶底铭文与此壶相似,会不会就是披云楼旧藏之壶。

明万历年间,制作紫砂壶的工艺技术已达到一个新的高度,

柿圆壶

江南地区士大夫如华亭的董其昌、上海的潘允端、常熟的陈煌图、江西的邓汉等人,向宜兴定制文玩茶具,柿圆壶为其中之一。

(六)
匏 瓜 壶

匏瓜壶是流行于战国至汉代的一种壶式。器形似匏瓜状,是盛酒或水的容器。壶体作瓜棱形,提梁有缠绕的瓜藤式、藤编式等。

匏瓜俗称"瓢葫芦",多不供食用,成熟后可做水瓢、饮具。古代常用匏瓜作男人无妻的象征。曹植《洛神赋》:"叹匏瓜无匹兮,咏牵牛之独勤。"阮瑀《止欲赋》:"伤匏瓜之无偶,悲织女之独勤。"皆有此意。清嘉庆年间,陈曼生在溧阳做官,与宜兴陶人合作制壶,匏瓜壶就是在那个时候由陈曼生设计出来的,此后便成为紫砂壶传统样式。顾景舟大师因早年得天花而留脸疾,常暗自伤叹,也因此年轻时一直未能娶妻成家。性情高古清傲的顾大师遂立志终身致力于紫砂艺术,并制匏瓜壶陪伴身边以此寄情,使自己孤寂沉静之时能感受到一份温暖和雅致。

匏瓜壶形似钟稳重沉着,盖与壶身浑成一体,盖的顺着钟形盖面弧度拱起做瓜形钮,流向上微屈力感十足,壶底内凹。形制朴素敦厚,古雅大方,施艺严谨,凝聚着秀雅浑成的气质。线条挺拔、流畅,壶体骨肉亭匀,光润和谐,神韵兼备,透露出真与美的气息。

传统的匏瓜壶是圆型壶的经典,匏瓜壶讲究钮、嘴、把圆润流畅,一气呵成。匏瓜壶之所以能成为爱壶人心中"永远跌不破的造型",大概是因为匏瓜壶的"古拙素雅"与品茗人所追求的"涤净烦嚣,淡泊明志,超世脱俗"的意境最为融洽,更重要的是,惟有匏瓜壶才能真正安慰品茗人"时运不齐,命运多舛"的落寞和无奈。

匏瓜壶

(七) 笑樱壶

但凡茗壶问世,都会相教于文人墨客,而针对笑樱壶"可亲可爱可掬"的器形，貌似命名的过程也是煞费苦心，传说此款壶名出自于蒲松龄的《聊斋》中婴宁之笑的故事：一个如花似玉、纯真可爱的爱笑女子，人见人爱，特惹人喜欢。之后嫁作人妇，婆婆不许婴宁轻易友善笑意于他人，遂失天真，令人惋惜。然后化为山中一草"笑亦"，逢人嗅之，偏笑不可止。也被人寓意为：居中值此草，则合欢亦忘忧尔。

此后的笑婴壶便流传于民间，在陶都丁蜀镇的方言中"笑婴"和"肖婴"基本没区别，然更为意外的是，后世亦有"文人"者，甚觉"肖婴"过于俗气，在体谅前世先辈"没文化"后，毅然改名为"笑樱"，也很文雅嘛！故此，现今流传的叫法便有了多种：笑婴、肖婴、笑樱。

笑樱壶为传统光货器形，扁圆腹，由上至下渐敛至圈足。壶嘴三弯，平口出唇，曲流，壶把上置飞扣，弯曲有致，如意耳形柄。线条优美自然，丰肩束颈，肩部云肩线挺括利落，钮脚清晰，形体饱满，线条流畅，施艺严谨，有君子之风。此壶看似平淡无奇，实则对制作者要求极高，丰肩敛腹之比例稍有偏差，则底足、流、把都会随之改变，立时风格迥异。

笑樱壶

（八）西　施　壶

西施壶原名叫"文旦壶"，又叫"西施乳"，是壶中的格调高雅者，言壶之形若美女西施之丰乳，壶纽象乳头，流短而略粗，把为倒耳之形，盖采用截盖式，壶底近底处内收，一捺底，后人觉"西施乳"不雅，便改称"倒把西施壶"。

西施壶

此壶创于明末清初，形与文旦壶、贵妃壶相近，重玲珑娇秀，文旦壶侧则重古拙，这也与当时艺术审美注重相关，"文旦"中的"文"意为柔和、外表、容态；"旦"指戏曲中扮演女性的角色。现文旦壶、西施壶、贵妃壶变化很多，每个陶手都以自己的方法在演绎此壶的高矮肥瘦，自然壶名也让人有点难以分辩。

清代文人吴梅鼎曾经称赞文旦壶说："至于摹形象体，殚精毕异；韵敌美人（美人肩），格高西子（西施乳）。"是啊，在文人的眼中，文旦壶的韵味风格堪比美人之肩，柔若无骨；又似西施那动人的曲线，丰神绰约，俊俏天成。吴梅鼎之所以为世人所识，实在是因为写了一篇千五百字的《阳羡茗壶赋》。

（九）井栏壶

顾名思义，其造型源于井栏。古人掘井多置井栏，有的还置井盖、井顶、井亭。实际生活中的井栏即井之护栏，它使井口高于地面，其功能有三。第一，防止沙尘刮入井中、防止污水流入井中，起到清洁卫生的作用，若加井盖，还可阻挡顽童向井中撒尿和歹人向井中投毒；第二，防止人们因天黑或醉酒而不慎跌入井里，特别防止寒冬井边结冰时汲水人不慎滑入井里；第三，防止井水外溢，井溢在古代被认为是妖象。此外，井栏对环境还有美化作用：一是井栏材质之美，如唐、宋、元

矮井栏壶

宫中和贵族就有以金银玛瑙宝石镶嵌井栏的；一是井栏刻字之美，即井栏上镌刻的井名等文字。其中，后者的艺术价值更大些。如金石家叶昌炽在对苏州的古井栏做了一番调查考证后，得宋、元井栏拓片十余通，其中以杉渎的"亨泉"、严衙前的"复泉"、画禅寺的"方便泉"等最为著名；书法家顾廷龙还将"复泉"井栏上的铭文拓下来，装裱成一本大开册页，由吴湖帆作画，章太炎、钱玄同、胡适、张元济、容庚等名人学者题咏，可见文人墨客对井栏文物的珍重。

（十）水平壶

在明之中期盛行品茶，故小壶开始得以流行。当时，在广东、福建盛行喝工夫茶时，壶内要放很多茶叶，若仅用开水冲泡，茶汁出不来，故还必须将壶放在茶碗或茶海内，用沸水浇淋茶

水平壶

三足水平壶

壶的外面，使茶壶浮在热水中才能使茶汁泡出来。所以，制作这种茶壶的工艺必须精致，壶嘴和壶把的用泥量必须绝对相等，这样，茶壶漂浮在水面时仍保持水平而不倾倒，水平壶之名便由此而来。水平壶最著名的要数惠孟臣的作品。

（十一）潘　壶

潘仕成，清道光年间广东番禺人，先世广东莆田，以盐卖起家，道光十三年（1833）京畿荒旱，以副贡捐输赏给举人，官至两广盐运使，在广州建"海山仙馆"，台榭莳花，极人工之胜。闽人多嗜茶，特往宜兴定制茗壶，以壶盖唇外刻阳文篆书"潘"字印为识，流传至今，人称"潘壶"。潘氏家传素嗜饮茶，宜兴订制砂壶一则自用，一则馈赠亲友。潘壶壶身如梨，高脚如铜器，高虚盖与身相接贯气，盖板宽厚，压住壶口，适应广东乌龙茶

朱泥矮潘壶

的冲泡。圆球形的壶钮，一弯向上仰展的嘴，壶把稍瘦，下部有垂耳，与高身壶之嘴相平衡。潘壶盖唇较高，上有一篆书"潘"字小方章作记号，亦有用竹刀刻"潘"字为记。所见潘壶传器，朱泥、紫砂、团泥皆备，大小神韵一致，由多位陶工制作，款式流传至今，有的也有所改变。潘壶的形制发展至今，大体可分为三种，壶腹作扁柿形者，曰"矮潘"；器身稍高，近扁球形曰"中潘"；器身高，近梨形者，是为"高潘"。

（十二）
容 天 壶

取材于佛教中的大肚罗汉。要体现此壶的气韵的确很难，需要做壶之人用心体会。在气韵饱满的壶身上添加一微微矮颈，壶盖增高成半球状，平添拙朴童趣。出水效果极佳，用起来确实方便舒适。视觉上稳重大度，在质朴中见深厚。

容天壶

"容天壶"壶体圆润饱满，寓意"大肚能容，容天下难容之事。"人生在世难免会遇烦恼之事，唯有宽容大度，才有豁达人生。一壶在手，无烦无忧。

（十三）
秦 权 壶

此壶形似秤砣，以秦始皇统一度量衡时所用秤之权为形，故得名秦权壶。此壶形似柱，上部收敛，桥形钮，短流，环耳形把手，半圆形截盖，体态光润优美，线条流畅而规则，气势古朴而典雅。秦权壶，有王者风范，不怒自威，犹如六合在握，稳守金汤，实乃壶之王者。

秦权壶

（十四）
汉 铎 壶

  汉铎，即汉朝之铎。《说文》中对铎的解释是：铎，大铃也。它是器物的名称。具体地说形状有些像甬钟，但体积小。铎为方彤，顶卜有一个短柄，腔内有舌，可摇击发声。舌有铜、木两种，铜舌者称金铎，木舌者称木铎。"铎"除了做为乐器以外，其作用从历史上各种古籍的记载中归纳来看大概有两方面含意："文事奋木铎，武事奋金铎"。

  "以汉之铎，为今之壶"说的是壶型来历为汉代的铎。以宜兴土取司令之铎型，经过匠人巧手制作为壶。进而表达了艺人高尚的情怀和淡雅的志趣。

汉铎壶

（十五）
传 炉 壶

传炉壶，式度端庄，风格雅致，隐隐然有古风韵，堪称佳品。老子曰"大象无形，大巧不工"。制壶赏壶，到了极致就是看其气度，观其神韵。

传炉壶有着青铜器般的威严与稳重，它古朴典雅，曲线强劲有力，浑厚端正。是方中有圆，圆中寓方的典范，要想做得比例恰当、珠圆玉润、骨肉婷均实属不易。自古以来，宜兴众多制壶艺人均有制作，但都公认传炉壶是最为难做器型之一。就其型来说，传炉壶为传统壶型，至清末曾改为四方传炉，可谓历久弥新。1937年由清末民初壶艺名家俞国良制作的一把传炉壶，可谓方圆相济、挺匀有力、光彩照人，是传炉壶式的经典之作。还有现藏于香港茶具文物馆的传炉壶，为清末两江总督端方在宜兴定制，据制作手法来看也应为俞国良所作。只不过在传统的基础上稍加改进,盖为桥扭。

传炉为古代道家炼丹所用之丹炉。葛洪是东晋时期著名的道教领袖,游尽天下名山,与丹术、医道颇有心得。至麻姑神功泉(江西抚州南城)觉得泉水清冽脱俗,于是传炉炼丹,留恋泉石之间,至今,葛洪仙井遗迹犹在。麻姑泉酿酒又称寿酒,洪祖以其水炼丹求寿成仙,而人寿之极致又称茶寿。今以阳羡砂壶,仿传炉之型,饮茶延年。真乃切情,切意。古时还有"金殿传胪(炉)"一说,明清时代在殿试后两天,皇帝召见新科进士。考取的进士们身着公服,头戴三枝九叶冠,恭立于安门前听候传呼,然后与王公百官一起进太和殿分列左右,肃立恭听宣读考取进士的姓名、名次。这就是"金殿传胪"。"胪"有陈列的意思,"传胪"就是依次唱名传呼,进殿晋见皇帝。因古时候紫砂壶是士大夫阶层的雅玩,将壶名取为传炉,应有取其谐音后又取意自勉的意境吧。

传炉壶

（十六）僧帽壶

此壶为中国元代创制的瓷器壶造型式之一。因壶口形似僧帽而得名，造型为口沿上翘，前低后高，鸭嘴形流，壶盖卧于口沿内、束颈、鼓腹、圈足、曲柄。具有强烈的少数民族风格。元代器形体敦实、壶颈较粗、壶流略短，明代器形壶流略长，清代器形颈略高、腹部略瘦。最早为元景德镇青白瓷器形。明清两代继续烧造，有青花、红釉、白釉器等。

紫砂僧帽茶壶始做于明代金沙寺，后经时大彬等人传承。但到了清代相继失传，这就是我们很难见到一把清代像样的僧帽壶的原因。由于僧帽壶的壶身为等边等面折腰六方形，所以在泥片的对角连接工艺过程中需要扎实深厚的陶艺制作基本功和渊博的文化内涵。创作此壶首先需制作大小不一，形状不同共几十片样板才能着手制作，真正是没有规矩不成方圆，用几十块样板分别裁出几十块壶的各部位厚薄不同的泥片并精心镶接。

镶接工艺更是一个实践的过程，首先要选择泥料，颗粒过

僧帽壶

细易变形，太粗易开裂，泥料的干湿度必须严格掌握，需用同一块泥料、干湿一样的泥片镶接成型，这样，在干燥过程中才能比例同缩，使镶接不易开裂。凡此种种，这只是制作僧帽壶的冰山一角。

（十七）
鱼 化 龙 壶

为典型传统壶型，是鱼跃龙门之意。鱼化龙壶制作因不同的名家而特点各异。民国唐树芷所制的小鱼化龙壶，壶钮为卷云状，壶身浅塑波浪，波浪中龙伸出首部，龙尾卷成壶把，把上鳞片刻划清晰。清代邵大享鱼化龙壶为波浪堆塑得一层一层，立体感强，而波涛中龙露出头部而不见爪，钮为堆浪状，装在盖里的龙头短而粗。而黄玉麟所制鱼化龙壶则波浪立体感不强，波涛中的龙伸出半身，龙爪清晰可见，钮也不作堆浪而作卷云形，装在盖内的龙头细而偏小。

鱼化龙壶

（十八）瓦当壶

模仿古代器物是紫砂壶的造型来源之一。瓦当壶为仿汉代瓦当式样，造型独特，壶体常呈瓦当状，造型以几何线条为主，成型规范有致，线条流畅准确，壶身多铭文。由于秦砖汉瓦古朴风雅，故清代中叶以来深受文人推崇。若瓦当壶再配以名家之壶铭，则意境更加深邃幽雅。其中，最著名的为陈曼生的瓦当壶，不仅做工挺刮，壶体正面刻有"不求其全，乃能延年，饮之甘泉"的行书，实为紫砂壶中难得之精品，也是文人参与合作制壶的典范。

瓦当壶

（十九）
东坡提梁壶

在宜兴窑场丁蜀地区，民间流传最广、最深、最普遍的故事莫过于东坡提梁壶。传说宋朝大学士苏东坡晚年不得志，弃

东坡提梁壶

官来到宜兴蜀山,闲居在蜀山脚下的凤凰村。他平日喜欢沏茶,对沏茶也很讲究。面对当地久负盛名的唐贡茶、金沙泉好水和海内争求的紫砂壶,苏东坡喝茶、吟诗,倒也自在。但这三者中,苏东坡觉得美中不足的是,紫砂茶壶尚嫌太小。于是,苏东坡决意自己动手做一把茶壶用。他叫书童买来上好的天青泥和工具,开始动手了。谁知,做壶之事看似容易做却难,苏东坡做了几个月,仍无多大进展。一天夜里,苏东坡看到小书童手里提着的灯笼,突发奇想,于是做了一把形似灯笼的茶壶。由于壶身较大,茶壶肩部老往下塌,苏东坡便劈了几根竹片,撑在灯笼壶肚里头,等泥坯变硬一些,再把竹片拿掉。又大又光滑的灯笼壶做好后,苏东坡开始设计如何安装壶把。他想:我这把茶壶是要用来煮茶的,如果像别的茶壶那样把壶把装在侧面壶身上,煮茶时炉火一烧,壶把岂不被烧得乌漆墨黑,而且烫手。这时他一抬头,不经意瞥见屋顶的大梁从这一头搭到那一头,且两头都有木柱撑牢,受此启发,他赶紧动手照屋梁的样

提梁石瓢壶

子来做茶壶。又经过几个月的细作精修，茶壶完成了，苏东坡非常满意。于是，根据壶的创意，就起了个名字叫提梁壶。因为这种茶壶别具一格，后人便纷纷仿造，并把这种式样的茶壶叫做东坡提梁壶，简称提苏。其实，东坡制壶只是一种代表宜兴人民心愿的民间传说。苏东坡真正嗜好的煮茶器具应该是瓢子，是由水壶或药壶改型并移作煮茶之用的铜器瓢子，而紫砂式样瓢子的创制，应该是清代书画名家尤荫根据周钟赠的苏东坡铜提瓢子仿制的白泥大砂壶。清嘉庆年间，由制壶名家杨彭年改制、加工、定型，并经不断改进后，紫砂传统经典之作——提梁石瓢终趋成熟，这和东坡提梁壶的造型完全不同。当今定型定名款识的东坡提梁壶则是民国制壶好手汪宝根为参加百年一度的美国芝加哥博览会展品展示而创制的一把特大型东坡提梁壶。此壶气势恢弘，装饰古朴典雅，将传统文化与金石书卷有机结合，一举荣获当年美国芝加哥博览会优秀奖章。

（二十）
洋 桶 壶

此壶虽以洋为名，以洋为题，却又是一个地地道道的宜兴紫砂茶壶品种。据传，紫砂洋桶壶起源有三种较有代表性的说法。其中，以南洋外销说最具代表性。据史籍记载，光绪七年至十六年（1881～1890年），国内外兴起紫砂收藏热，宜兴紫砂生产便趁势大规模增长。紫砂产品除满足国内需要外，还远销日本、印尼、马来西亚、菲律宾、新加坡、泰国、英国、法国、秘鲁、智利、意大利和墨西哥等国。为适应外销的需要，宜兴紫砂艺人想方设法迎合海外客商的需要，创制了各式各样的新款茶壶供外商选购。独钮洋桶壶即被泰国、马来西亚、菲律宾等东南亚客商看中。据宜兴工商界前辈鲍增泽、华萌堂先生介绍，此壶首先由宜兴蜀山清末最大的茶壶店号锦堂发记的紫砂

洋桶壶

艺人创制。初期用紫泥或红泥制作,后按泰国客商的要求,为适合当地民间风俗习惯,采用段泥制作,其流部、钮部、口沿部、把部、脚圈部均用铜片或金皮片包裹装饰。因独钮洋桶壶销往南洋最早、销往泰国最多,后以南洋为俗名,故取洋名,称为紫砂洋桶壶。

此外,东洋外销说亦是一种较有代表性的说法。清末期间,宜兴窑场均陶产品以"宜钧釉"著称于世,远销海外,特别受日本客商青睐。日本客商订购宜钧产品的同时,亦喜爱紫砂产品。牛盖洋桶壶即是日本客商看中订购的,并因此定名为牛盖洋桶壶。据传,牛盖洋桶壶的创制是根据宜钧产品小洋坛改制而成的,设计者为清末紫砂艺人何士芬,当她看到子洋坛的牛鼻孔盖,发现确实很实用,且方便又好看,便将子洋坛的身筒改为直形,子洋坛的短流改成长流,并借鉴子洋坛的牛鼻孔盖做成最早的嵌盖式的牛盖洋桶壶。当新品一问世便引起轰动,并深得日本客商喜爱。日本客商还为其加进了些许"洋"元素,称之为牛盖洋桶壶。

还有一种是北洋外销说，这是另外一种紫砂洋桶壶起源中较有代表性的说法。清末期间，最为流行的紫砂茶壶品种为蛋包壶和寿星壶。这两款茶壶均以大肚圆形、平盖弯流，实用功能显著而为世人所爱，且产量最多、销路最广，很早便销往全国各地及日本、东南亚各国。因此，运用蛋包壶、寿星壶平盖模式而创制的紫砂平盖洋桶壶经烟台、青岛、营口、威海卫等地销往日本，并被正式称为平盖洋桶壶。据紫砂界前辈徐祖纯先生介绍：清末，豫丰陶器店开业前，豫丰的老板吴启南就在家中大量生产此壶，并经北洋口岸销往日本和东南亚各国。吴启南创制平盖洋桶壶是以明代的直筒四系壶为基本造型，把直筒壶中的四系耳改成二系耳，并对称协调；平盖则取寿星壶中的浅盖为蓝本，流一直顺弯。

这三种款式的紫砂洋桶壶，尽管起源不同，但都应该在清末期间问世。根据史料分析，最早出现的是独钮洋桶壶。《宜兴陶瓷简史》、《江苏省志·陶瓷工业志》、《宜兴县志》中也都有关于此种称谓的记载，而传世品中最早外销的独钮洋桶壶亦符合史书的载述。洋桶壶制式则可能是嵌盖牛盖洋桶壶，牛盖犹如宜钧产品中的子洋坛盖，其盖无明显口沿，内口沿处用整块泥片封住，牛鼻眼尖则酷似牛眼睛，不像现代牛盖洋桶壶那么圆润，肩深而有势，是清末紫砂的典型造型风格。笔者曾多次与壶界收藏鉴赏人士分析此壶，一致认定该式应是清末早期出品的紫砂洋桶壶品种之一，也证实了有关牛盖洋桶壶的创制口碑是有根据的。平盖洋桶壶据说是根据寿星壶茶壶平盖变化而来，而寿星壶与独钮洋桶壶的记载均同时出现在《宜兴陶瓷简史》、《江苏省志·陶瓷工业志》、《宜兴县志》中，出品也在同一时间。既然平盖洋桶壶参照了寿星壶平盖而创制，因此人们可以大胆推测独钮洋桶壶最早问世，嵌盖牛盖洋桶壶紧随面世，其后才出现平盖洋桶壶。

（二十一）风卷葵壶

此壶为清嘉庆年间著名女艺人杨凤年所创制，传世品现藏于宜兴陶瓷博物馆。作品为风卷锦葵的仿真造型，图案规则生动，曲线顺和流畅，形态自然逼真，整体端庄大度，风格古朴雅致，韵味浓厚，是当今壶界所公认的传统经典之作。相传，清朝嘉庆年间，宜兴蜀山有个小姑娘名叫杨凤年，其兄杨彭年善做紫砂，所做紫砂壶简练大方，古朴雅致，精巧玲珑，而且他善于配泥，做出的茶壶色泽浑厚，颗粒均匀，古色古香。这兄妹二人虽是手足，但囿于自古以来"艺不传女"的老规矩，杨彭年从来不肯把技术教给妹妹。杨凤年为此异常苦恼，她也因此暗下决心，要自创紫砂新流派。从此，杨凤年整日独坐花园中，苦思冥想。这时的杨凤年，头脑里想的尽是松段、梅桩、佛手、莲花等壶形。可是每一种念头都被她推翻，因为不是被别人做过了，就是做出来自己不满意。一日，她看见一朵在狂风中不停摇曳的锦葵花，不禁失声赞叹道："风狂炼精神，好一朵锦葵花！"受此启发，杨凤年随即决定按狂风中锦葵的形象做一把茶壶。她站在那里，围着锦葵花左看右看，看了整整三天三夜，看到睁眼、闭眼不见别的，只见一朵锦葵花的时候，才开始做茶壶。一连做了七七四十九天后，茶壶终于做成了，并起名风卷葵。杨凤年做好茶壶，生怕哥哥作梗不让烧，就暗地托人装到窑里。等到开窑出货，没有哪一个行家不说这把茶壶手工精细，心裁独出的。消息传到杨彭年耳朵里，杨彭年哪里肯相信。等到茶壶送上门来，杨彭年捧起茶壶一看，吃了一惊："啊！我妹妹做的？好手艺！好手艺！"因为妹妹做成了这把好壶，哥哥杨彭年对杨凤年从此再也不保密制壶技艺了。以后，杨凤年配合哥哥做壶，逐渐成为了紫砂历史上首位著名的女艺人。

风卷葵壶

古人制壶十分讲究壶的形状，一般崇尚淳朴的造型、简洁的风格，而现代紫砂壶的风格和式样虽层出不穷、千姿百态，但仍然蕴蓄了不少前人制壶的风格。只有造型淳朴美观、形体悦目、轮廓周正、线条流畅、比例协调、装饰美而无累赘之处，才能算是紫砂佳作。

百果壶　裴石民制

名家名作鉴赏

（一）明代古壶

海棠形提梁大壶

　　此壶是1966年由南京中华门外马家山油坊桥明代司礼太监吴经墓出土，同出的砖刻墓志表明墓葬年份为明嘉靖。这是我国目前有纪年可考的最早的紫砂壶。

　　其壶身为传统陶瓷的造型，造型及工艺技法虽然还保留着某些早期紫砂陶的特点，但胎质较细腻，呈赤褐色，壶身表面呈现深浅不同之色。壶肩部位黏附上黑红色的釉滴，器表涩手有气孔，短颈用一块泥片加接。口略宽，丰肩，腹以下内收，平底。在壶腹上装一弯流，流根部与壶腹部相接处贴四瓣柿蒂形饰叶片，壶肩上装有类似明式家具中的"罗锅枨"形提梁。提梁下端内侧装有一环形圆孔，是用来系盖子的。

　　宋元至明初，首次出现了一种用于盛水煮水的无釉砂器，这是宜兴紫砂器进入滥觞期的标志。此壶造型与王问的《煮茶图》画面中的提梁壶极为相似。两壶相比较，从造型及功能上看，也应是用来煮水的。

六瓣圆囊壶

　　此壶原是仿景德镇的明永乐竹节形把壶，壶身分六浅瓣，配以壶盖，壶嘴及壶把皆起筋纹，以上下两节塑造而在壶肩相接。

　　壶身略呈半球形，竖向六出筋略呈莲瓣形。该壶泥料稍粗，有轻度"梨皮"效果。制壶技术娴熟，应是打身筒后外表加模具挡成，再用工具修过。壶底刻隶书味很浓的楷书款"大明正德八年供春"字样。

菊花八瓣壶　李茂林（明代）

　　此壶鼓腹、载盖，单独观赏壶盖，犹如一朵盛开的秋菊，生机盎然。这是早期紫砂壶筋纹器类型的佳作。做工精美，线条自然，明丽高雅，壶身凝重端庄，朴实无华，造型自然生动。

　　紫砂壶若只有整体的"骨架"而没有"肉"，就会给人一种干涩枯瘦的印象；反之，若只有"肉"而没有"骨"又会显出臃肿无力的样子。八瓣菊花壶就达到了形体雅正饱满、筋纹鲜明犀利，骨骼坚实，血肉丰满的境界。

大彬提梁壶　时大彬（明代）

　　大彬提梁壶造型有突破，壶体为圆形，上身部收拢，流、把、钮呈六方形、扁形、菱角形。整体为圆，壶身提梁双圆重叠，壶底壶盖双圆重叠，使圆主体更强烈，这种造型是有突破性意义的。

　　造型敦厚稳健，舒展大方。以圆形为基调，正视，球状壶身配以圆圆的提梁，使两大圆轮廓线既相互交叉，又相互阻断，从而使壶形的立体感更为强烈；俯视，平整的小圆盖与大平底的轮廓线相互重叠，其盖钮正处于两个同心圆的圆心位置上，更显示出其制作技艺的高超。壶体局部结构与鲜明的棱线相衬，柔中见刚，刚柔相济，且相得益彰。六棱的壶嘴、壶盖、壶钮与圆浑的壶体形成对比，提梁所形成的虚空间与壶身的实体形成对比，增强了艺术效果。

觚棱壶　李仲芳（明代）

　　圆与方是相比较而存在的，无方就显不出圆。《周髀算经》中有这样一个记载，"圆出于方，方出于矩"，是说最初的圆是由正方形不断地切割而来的。所以在紫砂壶造型中通常是方与圆相交融的。

　　此壶形俯视呈四方形，侧面看又有覆斗状，但又不是直棱角的覆斗，像两条斜边向外弯曲的梯形。盖、颈是小四方，而底部相比上部又大出很多。这样的上下变化全依靠自壶盖延伸下来的四条弧线的连贯与过渡。因此对这四条弧线的处理就成为此壶造型的关键，因为它影响整个壶身的方圆形状。再加上身筒基本上呈方形，而把又成圆环状，所以如果把和身筒的方圆搭配不协调的话，也会使整个壶形显得极为别扭。李仲芳很完美地完成了此种壶形的把握，创作出"方中寓圆，圆中见方"的奇妙境界。

龙凤印包壶　时大彬（明代）

　　龙凤印包壶，把为龙首，昂首向前，嘴为鸣凤，张嘴和鸣，与龙首相呼应，龙凤的形态生动、简练，富有神韵，在设计上另开新面。壶身包袱、花结等捏塑非常精致、高雅，是权力的象征，也是时代的产物。于方器中结合塑器创作，先后于壶上塑作印包纹式及龙凤嘴把，布纹褶裥，形体饱满、凤首龙鸣、对称均衡、刚柔相济、韵致怡人，亦是方器中较有代表性的作品之一。

盉形三足壶　徐友泉（明代）

　　此壶从仿青铜鼎造型入手加以改型，以三瓣凹凸筋纹线自盖至身再至足，于壶底会合。简练大方，古朴雅正，既保持了青铜器的美感，又将紫砂泥料质朴优雅的特性发挥到极致，开创了摒弃繁杂、简练大方的筋纹新风。

　　壶底三足，稳健而立；镌印"友泉"，笔体流畅而雍容大度。环柄之上镌有龙头吉纹，表现出明代士大夫怀旧嗜古的书斋情怀，在器型上又尽显王者气象。

菊瓣壶　欧正春（明代）

　　壶体呈菊花瓣状，壶身与壶盖浑然一体，盖钮塑为花蒂，直嘴，柄浑圆，浅挖足，足端平切。形制端庄，身、盖、钮三者之权衡比例恰当，筋纹配合精确贯气，如同一辙。

　　筋纹以壶盖顶端放射到盖口，再舒展过渡到壶体，直到壶底中心，全器贯通一气，瓣面大小如一，腴而不肥，转角纯而清朗，呈现出匀称丰腴的宝相，惹人喜爱。

盉形壶　陈仲美（明代）

据东汉许慎《说文解字》记载："盉，调味也"，可见一般是用来调味的器具。盉形壶和袋足盉在造型上具有一定的相似性，因而具有盛酒水的功能。

陈仲美的盉形壶，就是从商周时期青铜器造型提炼过来的，三足分当鼎立，仿形作紫砂茗壶。古色古香，给人以非常古雅的美感，质朴优雅，文气十足。器形古穆，通体贯气，耸立壶钮，妙若天成；古兽把，保持青铜器的古朴美感。泥色多变，技艺高超，所谓"综古今而合度，极变化以从心。"

四葵瓣壶　承云从（明代）

　　此壶身为半球形，分割为四瓣，每瓣状似葵花，起伏有致，阳线含蓄，阴线巧丽。钮为壶身缩小的微形，清晰周到。葵瓣盖，葵朵纽，整体和谐统一，线型变化自如。流长而秀，把方下置小垂耳，底平边宽状如花瓣，盖可四面转换。底刻"云从制为履中先生"楷书款。

金钱如意纹壶　陈用卿（明代）

此壶紫砂泥色深褐，夹砂质感若隐若现。盖钮透雕成浑圆的金钱球状，壶盖以浅浮雕刻如意云头纹饰，为整件器皿平添不少生气。弯曲的壶嘴与弧形的把手分量匀称，壶腹上部以一凸弦纹围绕一周，为笨重的器身增加线条美感。

陈氏装饰的手法在明代当时可说是大胆创新。他在壶的腹部而不是在壶底铭刻文字，加上陈氏采用行草书，而非当时陶艺家常用的楷书作为刻铭的书体。这件金钱如意纹壶正好反映出陈氏精炼的制壶技巧及娴熟的章草刀法。

南瓜壶　陈子畦（明代）

壶身为六瓣筋纹器型，造型周正，古朴清雅。巧妙地用南瓜造型构成壶身，并在壶身运用叠堆手法贴上瓜叶，形成生动而富有情趣的画面，壶嘴由南瓜叶自然卷曲而成，壶把则用南瓜藤成形。整个作品精巧浑成、动感强烈、韵味怡人，惟妙惟肖。其心灵手巧，艺术手法细腻，制作功底深厚。

此款南瓜壶，是将真实的自然形态塑造成壶型，整个壶身、壶嘴、壶把就像自然生长的南瓜与枝藤，凹凸有致的瓜皮，舒展自若，形神丰富，妙趣天成，让人为之倾倒。"脱尽人间殊巧工，神工鬼斧难雷同"，用此诗形容陈子畦手工艺之精致，亦不为过。壶把梢下钤有"陈子畦"篆书方印。

（二）清代古壶

东陵瓜壶　陈鸣远（清代）

东陵瓜的典故出自西汉早期秦代东陵侯邵平弃官为民，长安（今西安）种瓜的故事。古人用东陵瓜可以果腹，可以怡神，陈鸣远更可以用之释放胸中之块垒。

此壶以瓜为壶体，瓜蒂为壶盖，瓜蔓为壶把，瓜叶盘卷成壶嘴，远远望去，简直就是放在案头的一个小瓜。壶底较大，稍向里凹，且在其中央作出一个仅有0.7厘米直径的蒂疤，表示花落结实，作者用心之细、之巧可见一斑。更应看到的是用刀在壶身上压出九道向里陷入的浅槽，而且上部临近肩部的地方用力轻浅，往下落刀较深，直至壶底。结果就在扁圆的壶身表面出现了稍稍隆起的九瓣瓜棱，溜圆而肥满。并在坯体未干时用竹刀刻出"仿得东陵式，盛来雪乳香，鸣远"并压铃阳文篆体"陈鸣远"方印。

题刻在壶身上的题句，前五个字"仿得东陵式"是说作者做出的造型并非一般瓜体，而是以物喻人，用来歌颂召平的安贫抱朴，耿介不阿的精神，并寄托陈鸣远的思存。后五个字"盛来雪乳香"，则是说在这小小的茶壶里装满了"茶香"的茶水，任君斟饮。陈鸣远之所以写出"雪乳香"，是因为宋人把龙凤团茶称为石乳或白乳，煮茶时，汤面"光莹如银丝"，好像"生乳栗"，"乳花熟"，所以有"雪乳香"之说。

四足方壶　陈鸣远（清代）

　　由文化器皿造型的钟、鼎，创作出方型紫砂壶体的设计，在壶的嘴、鋬、摘子上，借鉴了青铜器的造型。此壶制作精细，朴质大方，结构合理，用功独到。

　　造型仿古代青铜盉而成，外鼓的四楞形壶腹与四柱形细足，形成强烈对比，既夸张又不失古意。直流向上翘起，盖钮作成横形，把手上端雕刻兽面。壶底有圆形有"陈"、方形的"鸣远"篆书阳文印款。

松段壶 陈鸣远（清代）

  此件紫砂壶是一件仿生之作，其造型古朴，壶身，流，把，盖皆做松树枝节，平口，浅圈足。整件松段壶泥塑工艺精美，层层叠叠，将古松苍老之外皮塑造的分外肖似。树皮斑驳，树身经风露斧劈，傲然挺立。

  壶钮更是巧取松节一段，匍匐贴合于盖，其上松针、松果极其逼真。松枝浑然相吻，壶盖、壶身浑成一体，刚劲古雅，表达了松树的风格。壶底刻"鸣远"两字楷书款，下钤篆书"陈明远"方印。

莲形银配壶　陈鸣远（清代）

　　壶身呈莲蓬形，鼓腹下部渐收敛。壶身四周饰八片宽体莲瓣。壶嘴短，饰荷叶纹。壶盖面上以六颗莲子装饰在圆形钮四周，钮和莲子均能活动。壶盖和壶口结合紧密。壶肩部装有一藕节形的银配。在壶身一莲瓣上刻有"资雨清德，烦暑咸涤，君子友之，以永朝夕"铭文，并刻有陈鸣远名款及二篆书印"陈"、"鸣远"。

珐琅彩花卉纹提梁壶 （清 康熙）

清初康熙开始，紫砂壶引起了宫廷的高度重视，开始由宜兴制作紫砂壶胎，进呈后由宫廷造办处艺匠们画上珐琅彩，烧制成珍贵名壶。雍正也曾下旨让景德镇按照宜兴壶的式样烧制瓷器。乾隆七年宫廷开始直接向宜兴订制紫砂茶具，至此紫砂壶成为珍贵的御前用品。

此壶器身鼓腹，子母线虚压盖，象纹三脚，三弯嘴，扁框线提梁，辟邪钮。壶身以珐琅彩绘黄色牡丹折枝花，嘴饰宝相花纹，钮涂黄色。壶底书"康熙御制"四字楷书款。

印花烹茶图壶 （清 乾隆）

壶呈六方形，直口，短颈，折肩，折底，短流，如意式曲柄，盖与壶口严密吻合。整体瘦长挺拔。用紫红色砂泥制作。壶身三面印制烹茶图，图中二人在茶楼的几案旁坐饮，一书僮在廊中煮水，另一书僮端两茶杯作送茶状。四周有松、竹、梅及洞石作陪衬。

壶身另三面镌刻乾隆御制诗，诗后篆刻阳文"乾隆"二字章式款。这首诗是清高宗弘历于乾隆七年夏至那天，在地坛神毕返回圆明园途中所作。烹茶图取材于乾隆御制诗，诗书结合，形式和内容有机地融为一体。

贴花莲塘纹御制诗方壶 （清 乾隆）

壶形为扁四方，弯流、环把亦作浑四方形，削肩，矮颈，圆盖为嵌入式，扁圆形钮，整器造型端正，制作精细。该壶采用贴花技法在壶的三面以莲塘纹为装饰，画面深浅有致，莲花朵朵，姿态各异；莲叶片片，互有掩映，颇得池中清趣。

另一面为御制诗："御制再游龙，并即景杂咏，振鹭翻飞百尺流。声空尘耳色空眸，却曾识得根源处，乃自龙湫更上头"。

泥绘山水图圆壶　　杨履乾（清代）

此壶设计新颖，上佳泥料制成，做工精湛，气度静穆。圆筒身，宝珠钮，三弯流伸展流畅，壶流短直而微向上翘，半环形把榫接有力，盖顶设有套环钮装饰，整器的线条以浑圆为主，十分流畅。

壶身通体泥绘山水图，镌刻花卉图纹，图纹并茂，想得意趣，气韵生动，匠心独运，足可赏玩。

堆雕菊花提梁壶 （清 雍正－乾隆）

器形为圆角方壶，壶身四面和底面均堆雕团菊一朵，颈、盖上亦雕有团菊纹饰。口、盖紧密无间，盖上雕菊蒂为的。质地细腻，色泽纯正，工艺精致。

整体造型玲珑俊秀，盖面好似一朵盛开的金盏菊的背面，菊蒂为盖钮，蒂子下面有一周花萼。壶口为菊瓣式，壶身呈圆角方形，方提梁圆弧状高耸，单孔方形三弯嘴，从正面观赏，花瓣式的底足和壶嘴相对称，造型十分和谐。

水仙花瓣壶　　殷尚（清代）

　　器身造型作水仙花瓣纹，六片花瓣收束成口，与盖纹紧密吻合，不失毫厘，雕蕾为钮。线条挺括，轮廓分明，形制不侈不丽，典雅拙朴。

　　壶底微凹。制作技法精巧细纤，线条简洁流畅。此壶形制还有与众不同的特色，壶流细长而又昂出，壶把形式也很别致，风韵独特。壶底钤阳文篆书"殷尚"二字方印。

调砂汲直壶　方拙（清代）

此名来自汉武帝时的大臣汲黯。汲黯性情刚正，被时人称为"汲直"，是后世诤臣的典范。此壶泥色赤褐调砂，直筒形壶身，管状短流，矮颈，溜肩，截盖，桥形钮，耳状把手，简洁实用，大方得体。身正直，耳偏大，于直正硬朗中略带厚润，是爱壶者观赏此壶刹那间的感受。

浅浮雕山水人物纹壶　　筠石居（清代）

此壶取材紫砂，色呈赭红，砂质细润。壶身为高圆筒形，三弯流，耳形把，腹微鼓，削肩、矮颈，盖上饰扁圆钮。流口镶铜且设铜片盖。满壶通体装饰浅浮雕山水、人物、亭台、楼阁，盖、钮、流、把，把上也均饰以吉祥图案纹，以示富丽华贵。

这类茗壶的繁复装饰是适应外销需要而制作的。壶底钤有阳文篆书"筠石居"方印款识。成于清康熙至雍正年间。

玲珑八竹壶　　无款（清代）

壶体由八根大竹段组合而成，壶嘴、钮、把均为竹节，大竹段镂孔为竹竿和竹叶，通过镂雕装饰，整把壶显得精细而有活力，充分体现了制作者的巧妙构思，壶的整体造型雅致。

若稍为留意宜兴紫砂茶壶的演变史，便会发觉从17世纪晚期开始，壶的外貌有了新的转变，注重壶表的装饰及创新。至18世纪上半叶，此风逐渐盛行；壶艺家不纯粹着重器型，更试用不同技法使紫砂壶更多些发展的空间，务求令壶艺更多姿多采。例如用不同泥浆在壶身作画、堆花、贴花、印花或雕玲珑（镂空）等装饰方法，于是紫砂壶呈现出不限于素身与几何图形而更多变。

瓜瓢提壶　杨彭年制　陈曼生铭（清代）

　　此壶为杨彭年制作，壶身铭："煮白石，泛绿云，一瓢细酌邀桐君。曼铭频迦书。"陈曼生撰铭，郭麐书刻。郭麐字祥伯，号频迦，善书，是陈曼生好友之一。

　　此壶造型简洁、别致，是瓢形和东坡提梁形的结合，经过壶艺家的提练和重铸，即不是形合，而是神合。瓢和提梁皆产生了质变，更加古雅秀美，另有一番风韵。

　　杨彭年与陈曼生配合制壶，大兴文人壶风，使紫砂壶和诗、书、画、印合为一体，将紫砂壶艺导入另一境地。诗画与壶艺相结合，共同构成"曼生壶"的意境，两者缺一不可。这就是"曼生壶"的魅力所在。

套环钮葫芦壶　　杨彭年制 陈曼生铭（清代）

　　葫芦壶取形于葫芦瓜，葫芦有思乡怀人之意。此壶形如实物，充满情趣，为圆底形，其嘴自然流畅，线条优美浑圆，小环设计精巧，拨动生响，与壶体相得益彰，制作精湛，泥质特殊，砂质均匀，乃壶中珍品。壶底钤"阿曼陀室"方印一枚。

　　此壶特别之处在于壶钮置一套环，轻轻把玩丁当之音不绝，犹如曼生细语送福，可谓情通古今，情趣盎然，壶似葫芦，情寄相思。其壶质地细柔，造型古朴，色泽典雅，贵如瓯彝。观此壶有沉着之气，其一曰意味淳厚，气势沉雄；其二曰矫健劲朗，沉中蕴清，壶钮小环，盎然生情，精雕细琢，巧夺天工。

　　曼生铭文："为惠施，为张苍，取满腹，无湖江"。惠施的典故无疑出自《庄子·逍遥游》，"取满腹"亦然，但却与惠施无关，是《逍遥游》中"圣人无名"的许由的抱负，他在拒绝尧以天下相让时，说自己宁愿快然自足于山林："鼹鼠饮河，不过满腹"，不屑于治理天下。这与惠施、张苍的贪于权利，恰好相反，是古之隐君子所追求的淡泊、逍遥、自得的境界。

汉瓦壶 杨彭年（清代）

  汉瓦壶属于圆器当中的一种，以壶钮作汉瓦形而名。圆筒形壶身，上侈下敛，短流势较直。盖平略见弧，桥式钮，钮面开孔呈海棠纹样。壶盖子口制作圆而不规，转捻即紧，拈钮可以拿起全壶。

  通体略显方正不阿之气。胎骨坚硬而沉实，色泽棕红略泛光。方壶身略呈弧形，自上而下略微收缩，使之不呆板。无肩，壶身直至壶口与盖各成一环，衔接略带弧度，使之线条柔滑。壶身与前伸的流及卷曲的把手无间地衔接，一气贯通。底钤阳文篆书"杨彭年造"方印。

梨皮壶　陈子畦（清代）

此壶油光润泽，古朴可爱。整器用调砂朱泥制作，颗粒隐现，灿若星星，闪闪发亮，俗称"梨皮"。其形态美、质更美，体轻胎薄，雅致脱俗。

壶体为半球状，鼓腹、圆韵、盖拱起与器身相吻合，圆钮有底脚，一弯嘴朝天、流口细，圈把粗细亭匀，结构清晰。壶底铭"竹梢一片引流长　子畦"楷书刻款。

银台醉客壶 无款（清代）

此壶通体作菱花瓣式，属凹凸规正的筋纹器。钮顶至底心均等贯气，如同一辙，壶身似花苞秀美，颈部向上收敛，口唇旁出承盖，嵌盖吻合紧密，盖面拱起，如盘状花瓣；钮为珠形并刻出整齐的菱花状；三弯流嘴，两侧凹、正面凹的菱线，胥出秀丽轻盈；把与嘴之菱线相仿，曲折有致嵌与壶身，是一件难得的筋纹器佳作。

银台醉客朱泥壶，出自日本人奥玄宝著《茗壶图录》，1878年在日本初次印行，刊有选出东瀛收藏紫砂壶三十件，以线描图绘其造型，并拓印铭文及印章，名为"注春三十二先生"，其中"银台醉客"者，形制与此壶相一致，遂以为名。

八卦束竹壶　邵大亨（清代）

此壶为邵大亨首创，以64根长竹段围成壶身以合64卦之数。以32根短竹段分成四组，每组8根，结以成足。壶盖浮雕八卦图，盖钮成太极图，颇有匠心。色泽紫赭，深沉肃穆。盖内钤"大亨"楷书瓜子形小印。此壶看似繁琐，但布局有序，烦中见整，气度不凡。刻画细微处，见深厚功力，表现出作者卓越的才艺。

风卷葵壶 杨凤年（清代）

　　风卷葵壶是紫砂工艺史上最早受人注意的女壶手杨凤年制作的佳品，作品以花瓣点缀全壶，花姿卷翻，形态生动，盖口紧密，泥色和润，艺术造诣极深。

　　以风吹葵叶的动感入壶，表现葵花在一刹那的灵动之感，所有的线条都处于一种随心所欲、神采飞扬的状态。壶身现大风卷葵花的云浪，壶底一朵怒放的葵花，将整件作品呈现出一幅极美的田园风景画。贴塑的手法也表现得非常成熟。塑形准确生动，刀法爽利果断，信手拈来形完神是，一派大师级原创气象，当可视为风卷葵壶的原创期妙品。

瓜娄壶　韵石制　赧翁铭（清代）

壶形似瓜状，短流，耳形把手，钮为瓜蒂，中穿一孔，嵌盖。壶身筋纹清晰，铭刻书法秀逸，金石韵味醇厚，铭书印堪称壶之三绝。壶身铭："生于棚，可以羹，制为壶，饮者卢。赧翁铭。"韵石与赧翁合作的茗壶精品，艺趣盎然。

这种描写生活趣味的题铭，在文字中营造出生动活泼的画面，呈现出动态的艺术效果，意境深邃。"卢"即"茶仙"的卢仝，寓意饮者都可成为卢仝那样的茶仙。

三足鼎壶　吴月亭（清代）

吴月亭，字竹溪，为清中期宜兴陶人。此壶端庄，风格雅致，古韵隐然，乃壶中佳品。壶身圆融饱满，珠圆玉润，挺匀有力，古朴典雅，曲线强劲有力，浑厚端正，配以鼎足，有古之礼器的庄重威仪。

壶身造型仿商周青铜盉，壶腹下部微鼓，流直而上翘，把作圆环形，盖为倒置釜状，钮为蘑菇状顶部圆锥形，腹下有三柱状鼎足。壶腹阴刻："兰圃仁兄大人正，敲冰煮茗。竹溪。"壶底钤"愙斋"印款。"愙斋"乃吴大澂字号，清同治年间的翰林，金石收藏家。

（三）近代茗壶

弧棱壶　黄玉麟制 吴昌硕铭（近代）

壶身以方斗形为基本形，将四条侧棱作圆化处理，同时壶身自方口以下均作弧面鼓出，一直至底，挖出"犴门"式足。这种处理使壶具有方中有圆、雄浑豪放的气势。另外，方形大口壶，方形弧顶盖，也都是公认的做法，只有壶流和耳形壶柄的形制是因人而异的，体现了制作者的匠心独具，例如，有的是短直流。而本例是采用三弯式圆方形管流，圆形耳壶柄也是用扁方形泥条圈曲而成的。

更为名贵的是，壶两面上均有艺术大师吴昌硕的壶铭行楷，布局合理，锦上添花，更见高雅。壶身铭文："诵秋水篇，试中冷泉，青山白云吾周旋。吴昌硕书。"另一侧刻："庚子九秋，昌硕为永台八兄铭，宝斋持赠，耕云刻。"此壶作于庚子是光绪二十六年，即1900年，距今已一百多年。《庄子·秋水》有语："欣欣自喜，以天下之美尽在己。"真是壶中天地宽，一壶在手，吟诵《秋水》，却似神仙遨于青山白云间。

梅花周盘壶　俞国良（近代）

  此壶构思巧妙，亦为时人所重。通壶制造谨慎，工精艺谨。由盖钮到壶身，每一处转机线角明白清楚，筋囊工整匀称。壶为六瓣梅花形，钮似花蕊，线面各段交待清楚，制技着重细部刻划。形制严谨，上下呼应和起伏跌宕自然，风韵秀美，被喻为俞国良代表作之一。盖印"国良"方款。

矮蛋包壶 　邵友廷（近代）

　　矮蛋包壶是邵友廷之名品。器形浑圆，特显丰满柔和之感。容量较大，软提，底为凹形，颇有特点，在任何场合均能平稳放置，适于家中与茶坊间使用，为清末茶坊的流行款式。

　　邵友庭矮蛋包壶为打身筒手工成型，口部用刹凹法，内部光润无泥迹，技艺难度较高。刹凹通常集中表现在圆形光货的颈部。一般做法为：先做身筒，再做颈片，两者间用脂泥粘接，最后用竹篦刮平接缝。比如仿古壶，看似一体，其实是身筒＋颈部，连成的一体。此壶盖内钤有"友廷"楷书款一枚。

寿桃壶　　*程寿珍（近代）*

桃花春发，结实于夏，花果本不同枝。但紫砂艺术源于生活又超越生活，艺人们运用大胆的想象创造出一个桃花夭夭、果实累累的世外桃源。

壶身作半月状，大平底，环形把有力，一弯流坚挺，壶钮以一寿桃作鲜明的点缀，简洁生动与壶身相衬，倍增紫砂艺术细腻的表现。壶身铭刻："饮之益寿更延年，东溪。"壶底钤"艺古斋"印款。"东溪"为赵松亭艺名，"艺古斋"则为其斋号，凡订制茗壶皆于壶底钤此印。

高梅花壶　冯桂林（近代）

此壶形似花瓶，五瓣梅花筋纹似瓜若果，新颖别致。三弯嘴，饰以梅桩。一侧壶把弯曲自如，花桩生机勃发，塑宁折不弯之品格，花朵有正、侧、反之别。盖以圆漂口式，仍为五瓣筋纹，与壶身统一，盖上塑主枝、分支及盛开的梅花。该壶由纯天青泥制作，色泽紫中泛青，似檀木古穆深沉，用黄泥贴饰梅花，形成对比。该壶主体自然纯朴，十分惹人喜爱。

壶把与壶流上，采用不同方式表现出来的结眼，更让人叹为观止。把上的结眼多以凹陷的方式出现的，追求手握时的顺畅。与壶把上结眼创作完全不同是，壶嘴上的结眼多是凸起的，因为考虑到壶嘴空心和实用的特征。壶嘴与壶把结眼的设计，也让人们体会到了阴阳对比的情趣。

狮球壶　江案卿（近代）

器身扁鼓，筋纹清晰，向上收束成口，直颈，平盖，盖上塑一卧狮捧绣球，颇有灵秀之气，流自壶腹胥出自然，壶把高挑圆润，与流对应出势，整体凝重端庄，古朴素雅。

此壶壶体敦厚饱满，曲张有致，气度浑朴大方，雕刻工艺娴熟，信手拈来，气畅神怡，实为不可多得之珍品。壶底钤"宜兴江案卿制"阳文篆书印款，盖内则有"案卿"小印。

松鼠松桩壶 蒋彦亭（近代）

松桩壶是花货中的传统壶形，托物言志，因人不同，做出的紫砂壶也就不同。有人将壶身、壶嘴、壶把做得稳妥古拙、枝干苍劲，因松树是长年生乔木，它的枝干坚硬挺拔，象征着坚强和不屈；有人用深紫泥所呈现出的墨绿色做松枝表示它的常青，寓意人生命的长寿长青；也有人在一些地方留出粗糙的原胎，让人品味松树生长中所经历的沧桑历程，寓意生命的苦难和坚强。

此壶是极少钤"燕庭"自己名款之作，以树段为壶身，苍老斑斑，平嵌盖塑一曲松枝，勃发生机，嘴向前伸展，把由下向上攀出，接壶身分叉两枝松叶，缀几颗松果，疏密有致，松鼠跳跃玩耍，栩栩如生。

（四）现代茗壶

双色圆竹段茶具　吴云根（现代）

此壶是吴氏20世纪50年代的佳作。一套六件，一壶四杯一大圆盘。50年代品茗用紫砂茶具为最普遍的方式。

壶盖内有阳文篆书"云根"方印，器底钤阳文楷书"宜兴蜀山陶业生产合作社出品"圆印。该印章为1956年建社初期（紫砂工艺厂前身）紫砂工艺陶参加广州出口商品交易会后，在出口高档紫砂壶上启用，为艺人制壶所共享，直到1958年4月停止，壶底均署该印记，盖内为作者名款号记。

此壶由壶艺家共同商讨定型制作，造型秀丽，制作精良。壶身由本山绿泥制作，烧成后呈缎黄色，壶嘴、把、钮皆为竹节式，用墨绿泥制作竹叶，竹段刚劲有力，抒发豪爽之气，干净利索，无雕琢之气。

串顶秦钟壶 裴石民（现代）

  此壶以秦钟为基础而稍加改动，壶体无多饰，仅一弦纹；壶盖亦无多饰，仅一串圈，色泽呈铁栗色，沉着而又清纯。任何艺术，不难于繁，而难于简，做壶形亦是越简越难。形繁的壶固然也有优秀的作品，但格调最高的作品必呈于简，在简洁的外形中孕育着高雅的形态，呈现出脱俗的神韵，确非易事。

  这把串顶秦钟壶即以简洁取胜，但格调高妙，真非人间所有，几疑为太虚幻境之灵物。倘作者功力不到，断难至此。其色细润，其形超逸，骨肌均匀。娉婷韵度，皆超越前古，是当时紫砂壶中精品之一。此壶盖印"石民"方章，底钤"裴石民"篆体圆印。

仿供春圈顶壶　王寅春（现代）

此壶胎用紫泥制作，表面光润无瑕，造型简洁明快，大度圆融，不失大家之风貌。

此壶作于20世纪60年代，凭借30年代在上海仿制明清紫砂名人名作的经验，揣摸精品的做工、形制，汲取前人的精华，作者偶感而发，制作供春圈顶壶。

壶身为圆柱，迭然而起，大平底，直身圆肩，直颈圆盖，桥梁钮中置圆环，端庄挥洒自如。三弯嘴直挺，圈把折圆微方，显示一股刚正之气。壶底钤"王寅春"方印，盖内有"寅春"二字小章。从他的作品之中，可以感到融传统技法铸自我精神于一壶，艺精技绝，造诣深厚。

上圆竹节壶　朱可心（现代）

壶身由几节抽象体竹节化作一段毛竹，壶身夸张变化，造型简练大方，处理上疏下密，符合自然规律。壶流三弯圆润，扭曲多姿，攀枝竹叶自然过渡。壶把寓方寓圆、粗细得当。壶钮由春笋嫩枝作饰，笋痣清晰可辨，逼真自然，宛若天成。

壶身作圆柱形，上以竹段为纹。壶盖呈圆形，作内嵌式，与茶壶沿口扣合紧密，提钮雕作翻折竹枝，中段弯折突起，其中一端另向上翘，壶盖表面于提钮两端均雕绘竹叶图案，竹叶大小不一，前后遮挡，颇具写实之风。壶身通体作一节竹段造型，一侧中部作三弯式流嘴，与壶顶同高，流嘴自根部至流口渐细。另侧执把自壶壁顶端接出，经三段折转接入壶壁下部，把身亦采用竹节制样，上端略粗，下端渐细，使茶壶装饰统一大气，壶身外表仅以竹节为纹，予人呈现雅致清幽之感。壶底钤"可心余事"篆书方印。

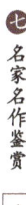

鹧鸪提梁壶　顾景舟（现代）

这把提梁壶的造型为扁圆形壶身，把手为见棱见方的三柱高提梁，从侧面望去犹如一只飞翔鸟儿的头部，原创者顾景舟大师为其命名"鹧鸪提梁壶"。

因鹧鸪这种鸟的叫声听起来就像是"行不得也，哥哥"，故古人多在忆悼哀思时选用鹧鸪做词牌。在"鹧鸪提梁壶"底刻款："癸亥春，为治老妻痼疾就医沪上，寄寓淮海中学，百无聊中抟作数壶，以寄命途坎坷也，景洲记，时年六十有九"。是作者从创制壶形到刻款用情最深的一件作品。

此壶泥质细腻光滑，变化提梁的形式塑造耐人寻味的效果。壶身成短圆筒状，线条干练明确，与盖和提梁浑然一体。底部刻有文字装饰，简洁美观，更有画龙点睛之妙。盖印"景舟"小章。

集玉壶　高海庚设计 周桂珍制（现代）

　　壶身在圆筒形基调上修饰而成。壶以玉为题，故名"集玉"。壶身为扁圆柱形，似用两大玉璧叠合组成，壶腰用玉饰纹凹凸线分界，束出壶身骨秀神清之姿。肩腹用弧线交接，底足用两条直角线阶梯收缩，烘托出壶体刚健婀娜之态。壶嘴方形，方中带圆，根部刻龙首玉纹。壶盖形似圆璧，盖纽饰环，玉鱼拱形。整体装饰和谐协调，莹洁圆润，韵味隽永，格调高雅。

　　1978年由高海庚设计、周桂珍制作的集玉壶被选作国家领导人出访外国的礼品。2007年作品集玉壶入选故宫博物院"紫泥清韵紫砂展"，并被收藏。

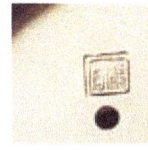 

荷花青蛙茶具　蒋蓉（现代）

以一朵含苞欲放的荷花作壶身，卷裹的荷叶为壶嘴，以四周长满浓浓毛刺的荷花枝梗挽成壶把，以荷花莲蓬作壶盖，壶盖上一只栩栩如生、活灵活现的青蛙，以此青蛙作壶钮。整个作品造型比例协调、匀称，线条流畅、优美，体现了浓烈的生活情趣。

荷花青蛙茶具，融紫、红、黄、绿、朱五色陶土为一体，色调掺和巧妙，但杂而不乱，清晰顺畅，荷花的花瓣，荷叶的经脉都流畅自然，是大自然造化的艺术反映。手工成型制作成的荷花青蛙套壶，在烧成上难度极高，很易开裂，必须具备壶艺制作的高超功力。

此套壶把荷花、青蛙制作得惟妙惟肖，神韵双佳，既处处严谨，又全盘皆活，而且，莲蓬中的莲子粒粒活络，手握壶柄轻轻一摇，莲子粒粒滚动，实为难得的上等精品紫砂壶。壶底钤"蒋蓉"圆印款，盖内为"蒋蓉"小方章。

灵宝壶　徐秀棠（现代）

　　器身以豹头的圆形为外形特征，饰以毛发装饰，有相当的力度和动感，如同一头蓄势待发的猛兽，给人以惊喜之感。此壶用紫泥制作，色泽红润，用黑、红、黄泥点染斑纹。壶身呈椭圆形，兽脚似行走，扁流自前身胥出，壶盖塑作豹首，两眼置壶口，炯炯有神，器身饰羽翼，有灵动之感。兽尾作壶把，卷毛作钮。流动的线纹，巧色的云斑，塑造古兽化为茗壶，犷朴生趣的造型是其一大特色。

曲壶　张守智设计　汪寅仙制（现代）

　　曲壶，这是当代文人和艺人结合创造的一个典范。1988年初，由中央工艺美术学院教授张守智和汪寅仙共同设计。他们从蜗牛的造型中得到启示，寻找到了贯穿于造型结构的主线圆的渐开线，从壶口开始，连接提梁，转至腹部，并通过腹部延伸到壶嘴的主线，将形体结构的各部分融于整体，获得面、体、形与空间的和谐。

　　总观曲壶，作者采用实与虚的对比手法，通过点、线、面的有机组合，使得整个壶体既有面的变化，又有线的变化。点、线、面的结合协调柔腻，变化又统一，体现了壶体静中有动、动中有劲；表达了蜗牛坚韧不拔、忍辱负重、昂首挺进、奋力拼争的顽强精神。

玉带提梁壶　吕尧臣（现代）

壶身方形，粗壮的壶嘴衔接壶身形成前趋的线条，在壶钮的处理上以桥钮替代了传统的扁圆钮，壶把以方形提梁高悬上方，简洁大方，线面流畅，棱角清晰而圆浑，适宜把玩。四方足托空壶体，呈虚空感，流二弯顺胥。内外处理干净利索，精工细作，严谨而不失古韵。

壶身两面采用印版装饰手法，刻划出玉带纹饰，古朴文雅。整器造型新颖别致，做工细腻严谨，设计独特出众、奇趣无穷，造型比例恰当，意涵深刻隽永，散发着强烈的艺术气息，兼具传统基础的深度及现代感，并顾及实用性。通观此壶，形象生动，造形精致，富有趣味。

牛盖提梁壶 徐汉棠（现代）

扁方状壶身配以高提梁，虚实相应显得挺括有神，流顺提梁转折向上，流畅典雅。

壶胎用自行配制的黑砂泥制作，光润柔和。此壶创作于1983年，造型别致，器身极扁矮，方圆角稚巧，口盖重合为母子线，盖板宽阔，眼似牛鼻，俗称"牛鼻盖"。牛鼻盖之款式，三弯嘴细流，提梁方中寓圆，高挑与壶身呈虚实对比之势。全壶比例合适，触觉舒适，品之有味，展之有神，艺趣盎然。

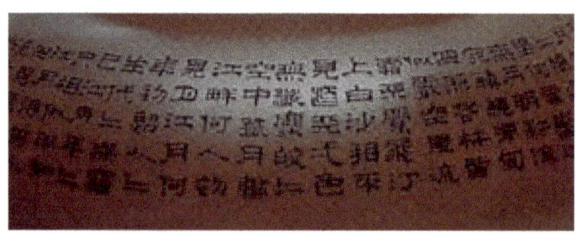

古韵壶 谭泉海设计装饰（现代）

此壶用紫砂红泥制作，色泽明丽，喜气洋溢。壶身高似古罐，颈部口线、盖板似笠帽。吻合母子线相切，圆珠钮，小嘴胥出秀丽，圆把古韵意足。

壶上部刻《春江花月夜》诗，下部配画题铭，署名"石泉"。此壶由谭晓燕制作，"石泉"即谭泉海装饰书画的陶刻名款。谭氏陶刻作品集书法、绘画、金石、诗文为一体，用刀爽俊且厚重，线条含蕴古朴，达到了平淡中见新奇，淡泊中含洗练的艺术境界。

松竹梅壶　何道洪（现代）

从清初壶艺名家陈鸣远的束柴三友壶，到清末制壶高手陈光明的岁寒三友壶，从一代宗师朱可心的三友壶，到当代工艺大师何道洪的三友壶，无不体现了文人墨客的巨大影响。而以松竹梅岁寒三友入壶，则象征高风亮节的崇高情操，高雅脱俗，历来为人们所钟爱。

硕大的内膛，健壮、宽广、兼容并蓄、海纳百川。但壶口奇小，子母线严实。壶钮的小弯竹，似一把锁，将原本严密的壶口又密实地封了起来。承载得多，表达得少：即无所不容、亦不为之所动。壶把是一截梅枝，底部稍有同色梅花点缀。壶嘴是一段劲竹，代表阳刚之意。梅把底部延伸出一小根梅枝和梅花，精致梅花似片片贝壳附着在壶身之上，晶莹、妥帖、灵动。一节松树桩虬曲在壶盖之上，作为的手"咬定青山不放松"。松枝上还有一只小松鼠，别有生趣。作品的整体构架，多处不满，少处不稀，疏密有度，气度饱满。

北瓜提梁壶　周桂珍（现代）

　　此壶颈高，溜肩，身扁，偏腹鼓，盖形简洁流畅，母子线口盖稳合严密，壶底带三小足。壶把以圆角方形提梁高悬壶体正上方，线条飘逸优美。壶嘴弯曲上翘，可爱至极。壶身饱满，壶嘴、把手等轮廓线既照应又和谐，生动自然，宛若天成。壶体颈部雕刻花卉枝叶纹饰，遮掩叠加，曲卷自然，形态各异，生动自然。

　　整器造型浑圆敦厚，典雅素丽，造型简练，工艺精湛，精巧中透出自然之气，为壶中精品；而且设计独到，用料上乘，造型乖巧，让人爱不释手，更被文人雅士所喜爱。

天龙顶珠壶　顾绍培（现代）

　　天龙顶珠壶，天球壶身，饱满雄健，颈与身融洽，高帽宽边的压盖，颇有天压地之气势。珠钮为摘手，灵气生动。流直且冲劲。三云纹如意脚，托起全壶，营造出壶的动势。壶把为云龙柄，构思别致。器身腰部饰一倾斜的腰带，以铺砂装饰，精心刻划，充分体现了紫砂壶艺的材质美。

福寿对壶　韩美林设计　鲍志强制（现代）

　　福寿历来就是中国人不倦的追求。这对福寿壶，取自传统凤凰的造型。一高一矮，一胖一瘦，相生相对。高的如凤，矮的如凰，把中国传统的文化和古老的文明结合于紫砂之中，顿时两者相得益彰。加上壶身的篆刻，吉祥如意的美好祝愿立刻显现出来。

青玉四方壶　李昌鸿（现代）

　　文化器皿造型的钟、鼎，创作出方型紫砂壶壶体的设计，在壶的嘴、鋬、钮上，借鉴了新石器红山文化时期的"玉鱼"、"玉龙"，及良渚文化的"玉琮"，便化成紫砂语言的嘴、鋬、的子。"玉鱼"的腾空之态设计为壶嘴的造型，正方形的头和身，吻部微伸，显示生命之感，鱼头与尾鳍用阴线压刻的手法把它表现出来，鱼的头部即是壶嘴的头部，塑上一对眼珠，给人形象地看到炯炯有神的鱼已成为贴切的壶嘴。"龙"是华夏民族创造的寓意性形象，体若一钩新月的红山文化的"玉龙"，是壶鋬的借象，龙口紧闭，龙首下探前伸，吻部微微翘起，颈脊一簇卷起之态。作者同样以方形简洁、夸张之手法，塑造了玉龙式的鋬形，并在头部饰上一对眼珠，起到点睛之妙。壶钮则仿自良渚文化的"玉琮"，使作品整体尽显丝丝古意。

博雅茶具　储立之（现代）

　　此壶以简练技法为切入基准点而展开，用双曲线的变化勾勒出壶体造型，强调一种大感觉、大意象；在壶嘴、壶把、壶钮处理上，渗入现代审美意识，并以大块面、长线条与壶体顺畅连接，一气呵成，有一泻千里之势。在壶把上加上飞把，这样与壶的块面相互呼应，呈现势、意、趣形成内在气韵，又产生静中有动，波涛起伏的生动韵律的艺术效果。

佛手桩壶　谢曼伦（现代）

  佛手桩壶瘦长的树桩壶身本无特殊，作者利用树节由下至流横斜发展，产生视觉上的变化及牵引效果。左下方做成一道去皮露骨状，不仅增强律动的感觉，也有稳定下方重心的目的。流、把弯角夸张，前后对应，造型相当出色，与壶身搭配协调，具有整体感。壶腹的佛手黄果绿叶色泽美观、秀雅精致。壶底刻"饮者长寿，谢曼伦制陶，石泉铭。"

方钟壶 潘持平（现代）

以方钟为型，底宽而稳，向肩线收缩，弧度洗练优雅，壶身造型端庄特别，挺秀大方，盖钮与壶身造型相同，上下相应，一虚一实平添韵味，三弯嘴与把背弧度前后呼应，大方自然，亦使方钟壶更为生动。

壶身四面相接，由上俯看，壶面正方；侧看，壶的四棱带有弧度，壶身由上至下逐渐外张，形成钟口开放的效果。与之对应，壶钮的形状也是上收下放，高而中空，形似钟钮。壶流、壶把也俱为四方，但是把端和流口作出起伏的流线，使整体造型生动而不死板。

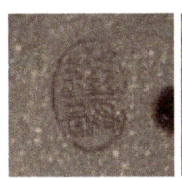 

灵芝供春唐羽组壶　徐达明（现代）

此款灵芝供春壶与传统的供春壶实有异曲同工之妙，壶身皆有如老树疙瘩般尽显苍老之意，但此款作品壶身的疙瘩却有一定的规律可寻。

唐羽创作构思源于唐代宫廷中的羽觞壶，它的造型与之非常贴近。须知，唐人饮茶并非今日沏茶，而是将类似如今沱茶样的茶团和茶饼研碎放入壶中，放在文火之上慢慢煎煮。为了避免烫手，壶的手柄一般都制作得较细长，似有羽翼飞升之感。

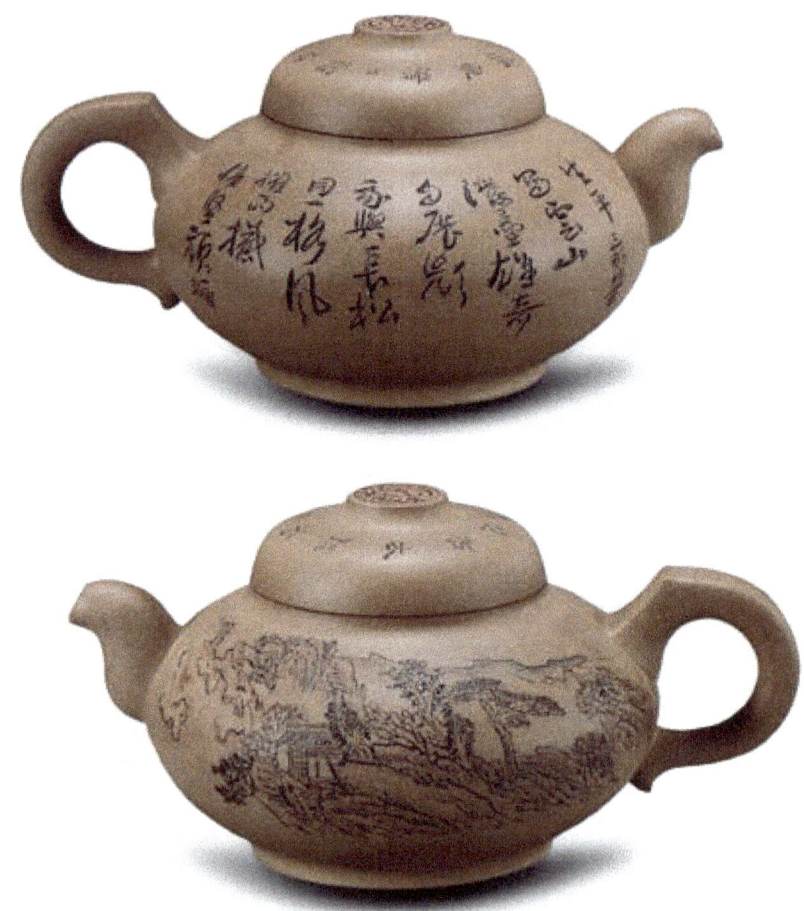

惠风壶　毛国强（现代）

　　此壶器型饱满，雍容大度，绘画精美，做工精湛。厚重的造型与清雅的山水浑然一体，那种"天朗气清，惠风和畅"的诗意又从这空间形式中延伸而出。

　　惠风壶以堆、雕手法和色彩运用，将线条语言与紫砂壶的本色完美结合起来，使壶与画浑然一体，壶即是画，画即是壶。

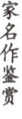

玉笠壶 张红华（现代）

  壶体线条舒展流畅、匀称柔和，风格清和恬淡，宁静祥和，给人以神清气爽的感觉。统观此壶，形如斗笠、蓑衣之翁独钓寒江，令人回味。张志和有诗《渔歌子》云：青箬笠，绿蓑衣，斜风细雨不须归。表现了渔翁的闲逸之情。作品表达了作者一种清隐之趣，淡泊明志，宁静致远，不饰繁华，在闹市中惟求一清静的意趣。

田园情趣壶　季益顺（现代）

　　田园情趣壶是把自然界动植物的自然形态，以浮雕、半浮雕和圆雕等技法进行装饰，并设计成仿生象形造型的紫砂壶。其造型经过历代制壶艺人的提炼、概括，以简概繁，达到简练而生动、朴雅而传神的效果。

　　这些千姿百态的紫砂壶可刚可柔、可繁可简，赋予了艺术家对线条的无限追求，造型也赋予了观赏者无穷的想象，增添了人们日常饮茶的情趣。以"田园情趣壶"为例，体现出了田园中旺盛的生机和饱满盎然的精神，且具有实用功能。

如意菱花提梁壶　鲍旭琦（现代）

　　风格高雅，壶体色泽沉朴，抚之体表如小儿肌肤，爽滑、温润、细腻，细看壶的表面若隐若现点点星光，如同洒金，显得古朴中透着精致和几分神秘感。

　　壶的口盖配合严丝合缝，盖钮呈"如意"造型，壶嘴与壶身的衔接部有精巧的"菱花"装饰，提梁根部也有纹饰点缀，更显得此壶精致典雅。壶体筋囊饱满，规整协调，菱花线条由壶盖向壶身、壶底流畅延伸，上下相应，曲韵优美，无论正视俯视此壶，皆犹如一朵盛开的菱花。壶底部以菱花撑起，使壶显得轻盈平稳。略扁而圆方状的壶身配以海棠形高提梁，流畅大气、虚实相应。仔细端详如意菱花提梁壶，可谓洗练精巧、挺括有神、别具韵味，真是巧夺天工。壶底钤"鲍旭琦制"阳文方章。

东坡竹简品茗对壶　沈汉生（现代）

  竹简是古代文明的重要载体，竹简作壶，体裁高雅。"东坡竹简品茗对壶"，圆盖方足，寓意天圆地方；壶身竹简四围，格调高古，上镌卢仝七碗茶七言古诗，意与古会；壶钮塑成东坡品茗，嘴把随势，气度伟岸。茗具书画相融，相得益彰。于传统中见新意，创新中保持传统审美趣味，可谓熔古铸今，赏用皆宜。壶底各钤"沈汉生制"阳文方章一枚。

大虎墩壶　王石耕（现代）

　　壶身温润光泽、稳重端庄，下有圈足使沉稳的壶身挺括有神，不至呆板。口、盖大小适切，盖面隆起弧度和钮的形式，让整壶散发明亮大方的韵味。流、把塑来有力，而流的弧度变化更是充满韵律节奏。

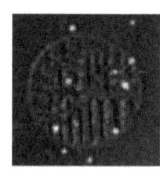

摹古壶　毛大步（现代）

直颈，鼓肩，弧腹，壶身一端出流嘴，嘴呈钢管式造型，嘴口与口沿平行而置，另侧置圈形耳把，把身上端粗圆，下端纤细，形制优美。盖顶平弧微隆，中央上接扁圆形提钮。整件茶壶造型敦厚沉稳，样制端庄大气，予人呈现典雅高贵之气。

此壶以紫泥铺砂烧成，铺砂装饰工艺技法娴熟，一望即知其古朴雅致。砂粒色呈金黄，星星点点布于器表之上，似隐若现，望若披锦，颗粒均匀，大小适中，疏密有致，使整器于古朴雅致之中又流露堂皇富丽之美。

纵观此壶通体未作任何图案题刻，仅以铺砂为饰，规矩雅正，颇具古风，极具匠心。

龟龙壶　吕俊杰（现代）

  中国人都喜欢含有图腾意义的吉祥物，如麟、凤、龟、龙这四种都是幻化的神灵动物，象征吉兆，稀有并且珍贵。其中"龙"代表九五至尊，能招贵人防小人，且旺财。"龟"代表长寿、祥和，具有化煞的作用。而"龙龟"就是龙和龟的结合，因此更具灵瑞腾达、安康之气。

  作者以龟龙祥物为创作题材，综合民族文化元素，结合紫砂材质特点，设计制作出此壶。

元趣五头套壶 葛陶中（现代）

紫砂壶讲究"方非一式，圆不一相"，就是要丰富多姿，但同时须求"理"、"趣"的统一。所谓"理"就是日用性，即壶的宜茶功能，而"趣"就是指它的艺术性，即壶的赏玩功能。有理无趣，固然影响审美，但有趣无理，则不能称为紫砂壶了。

珠圆玉润，方中见圆，小中见大，便是此壶精神之所在。若计工而不计其意，此谓知理而无趣；相反若计其意，不计其工，此谓知趣而无理。

方钟德壶　高振宇（现代）

此壶端庄稳重、比例协调，技艺手法老道，壶身手感极佳，温润如玉，造型洗练朴实，不受世俗所染。壶嘴壶把舒曲自然，宛若从壶体中天然生出一般。壶身直而且不瘪不鼓，恰如其分，紫砂工艺中直壶身之形，难就难在直中微鼓，以达到视觉上最佳的效果。翻开壶底，如玉碧天成，形之准，令在其上无法作加减。壶口之上下唇，像双唇轻抿，平和端庄、神态自若。

珏提壶　施小马（现代）

　　壶的身筒方中带圆，提梁设计成宽边玉带状，规整大方。由于玉带造型也是方中带圆，如果用传统的凸起的壶钮，则会影响"玉带空间"，破坏整体协调。故作者采用"隐钮"设计，把壶钮隐入壶中。这就加强了玉带提梁壶整体的艺术效果。

挚友壶　江建翔（现代）

此壶泥料温润如玉，一壶二品杯二碟。壶嘴为松段胥出竹叶和梅花，展示了在细节方面的精致，壶钮为竹枝，胥出竹叶和梅花，壶把为松枝，壶身为一段老松，被截去了枝叶，树皮斑驳，无一丝造作之感。另外配以二只品杯，乃锦上添花，别有情趣，二三茶友围以此壶品茗，真乃人生一大享受。

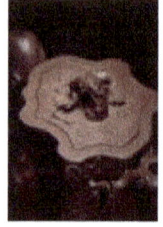 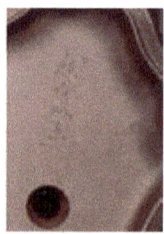

梅椿壶　陈国良（现代）

此壶以梅椿树干为本，精心刻画梅之瘦骨傲霜、不畏艰辛的品性，傲然挺立。壶身饰斑驳苍老的节疤和经风暴撕裂的树皮。壶嘴犹如由下向上伸展的梅枝，生意盎然。壶把弯曲，呈奋发向上之势，缀上几点梅花争相绽开。壶钮为一桥形梅桩，周边饰以花蕊数朵，使全壶构成一幅美妙的写意画。盖底镌刻"铁骨幽香"，并钤"国良"阳文章。

梅桩壶一对　范洪泉（现代）

  整壶以一段梅桩为造型，尽显此壶的气势与张力；壶钮用一身段异形的梅枝为造型，以突出梅树顽强的生命力，并以梅节等相辅之，丰富整个壶盖的装饰，也与壶身相呼应；壶嘴与壶把均以梅枝造型来表达，宛如从梅桩壶身自然生成，刚劲有力；壶把以一枝蜿蜒盘曲，婀娜多姿的梅枝塑成。此壶对于树节的处理也是形态各异、契合自然。纵观此品，壶钮、壶盖、壶嘴、壶把、壶身比例协调、气韵浑厚，且制作技法谨慎严密、一丝不苟。

年轮壶　张正中（现代）

　　此壶利用树桩的肌理纹为创作起点，一条条如沟壑般的纹理，好似生存了千年的大树留下了独一无二的年轮一般，壶嘴壶把壶钮的设计都做成了枝节状；壶盖和壶身上的纹理一致，凹凸处也配合得很协调，凌乱而有序，富有节奏美。

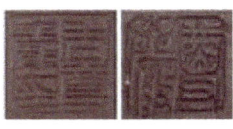

长鸣壶　　周尊严（现代）

　　此壶虽为方器，亦有变化，每条边线均为直线，面为平面，这是方壶的最基本造型。壶身为四方梯形，呈上窄下宽形，每条边线均为直线，嵌盖，四方梯形桥纽，直流，折方形把。壶为清水泥所制，流、把、盖、钮均取方形，线条硬挺，块面干净利索。

彩云飘壶　李碧芳（现代）

壶胎质细腻，三弯壶嘴微微上扬，呈现出优美的弧度。半浮雕的手法以祥云图案作为装饰主题，围绕壶肩均匀分布了数朵祥云，一朵祥云嵌在壶盖顶上作壶钮，样式古朴，内蕴丰富，形式感强。

彩云飘壶正是借鉴了中国传统的吉祥元素祥云，并将其运用到壶体装饰中，一方面使紫砂壶的观赏性大大增强，另一方面也表达了对美好生活的向往和期待。

紫砂古壶鉴别

识别紫砂古壶真伪，如同鉴定书画，首先要培养自己的美学素养，其次还要经常观赏某些名家杰作，并进行多方交流。例如，可多探讨和了解某些名家制壶的风格形制，技巧手法，艺术擅长，使用原料泥色的习惯性，印章的规格特征，从而把握关键性的依据，逐渐积累识别真假的经验。在任何一种艺术行当中，一个有所成就的佼佼者，一定会有他在艺术和技巧两个方面的独到之处和过硬功夫。这些内在的气质，就是所谓名家的个人风格和韵致。一件真正完美作品的灵感，形、神、气、态须贯通一气，这也是作伪者轻易不能够模仿的。

（一）
不能以貌取壶

面对古壶，不能仅凭外观武断下结论。唯有从壶的时代背景、造型、落款等诸方面仔细辨认，才不易受骗上当。

紫砂壶的各个发展阶段都有其时代特征。明代造型高雅朴

拙，简洁而较少装饰。清前期造型丰富奇特，注重装饰，加彩、堆塑等各逞其能；清后期造型趋向简化，注重在壶身雕刻诗词书画，突显出文化内涵。而各时期的时代特征，则以当时的名家代表作品为主脉。如清代陈鸣远的作品，旧时曾有"海外争求鸣远碟、宫中艳说大彬壶"之说，故仿制牟利者层出不穷。购壶者在遇到名家代表作品的时候，不能被一些表面上的东西所迷惑，而要善于观察作品外形上那些微妙的地方，尤其要用心体会壶体与附件交接处和过渡处的匠心，并通过表现形式挖掘其深刻的艺术内涵。

（二）抓住时代特色

从明正德年开始到清末的400余年，虽然出现了不少紫砂制壶名家，但随时代演进，每一时期的作品都有其时代特色。例如，明代制壶只重型制、质地，且均为素色无彩。因此，只要壶身加上色彩（据传壶身加彩始自清雍正时代），即可肯定不是明代古壶。其次，陈鸣远首开紫砂壶盖内用印的先河，所以，壶盖内用印的真古壶，便可断定是陈鸣远（明末清初）以后的作品。

又如清道光年间，名家朱坚首创以金属（锡）包壶，并用玉石制作壶嘴、壶把。所以，壶身上镶锡或包铜，即表示此壶必是道光以后的作品。

（三）以出水孔数辨识

所谓出水孔是指壶腔通壶嘴的孔数。以出水孔的单复数，也可断定古壶的真伪。例如，民国以前，出水孔一直是独孔，以后才逐步出现了多眼网孔；20世纪70年代，开始出现仿自日本的向壶内凸起的半球形网孔。若藏家遇到一把印章为陈鸣远的古壶，而出水孔呈网眼状则不必再分辨其印章真假，仅凭出水孔形状便可断定此壶之伪。

（四）
注意观察包浆

长期使用过的旧壶，外表很自然地产生一层被称为精光内蕴的光泽，亦称为包浆。这是久经茶叶滋养和人手盘玩而渐渐透出来的。壶的传世时间愈久，包浆也就愈深沉。有包浆之古壶，其外表的茶渍或尘土，只须用布轻轻擦拭，就会出现一种被行内人称为包浆亮的光泽，而且越擦越亮。此外，从古壶的泥质工艺也能辨识其真伪。

独孔

多眼网孔

半球形网孔

新壶做旧常常是先将壶的外表用极细的砂纸打磨，然后将壶放入浓茶汤中浸煮，等茶渍侵入后再打蜡上油。此种速成包浆外表多少有些不自然，光泽发贼、火气较大。此种做旧之壶常因包浆不匀而弄花壶面，使人有脏乎乎的感觉，让人看了感到烦躁。若用放大镜仔细观察壶身，还可发现打磨的刮痕。用手抚摩，壶身不像真包浆那么滑润爽适，反而感觉发涩。此外，真包浆附着性极强，已与壶身融为一体，而速成包浆则一刷就掉。

（五）从落款的甲子年辨真伪

或许一般人都不会去注意到这一点，但这却是辨识作品真伪的一项利器。其实，我国自古多用夏历表示年代，即以干支纪年。干支是以十天干与十二地支相配而成，每六十年循环一次，称为一个甲子。明清时期，艺人的作品均以甲子年表落款。壶谜在购买古壶时，在对该壶的制作历史背景、风格、特色或作者的习惯详加了解后，还需仔细察看作品的落款形式。

紫砂壶的款识是由镌刻逐渐发展到用印钤款的。用印钤款也是紫砂壶艺术走向完善的一步，是中国古文化与传统艺术的结晶。好的紫砂款识应具备以下几个条件。

第一，印章大小要适宜。用印钤款，理当视作品的大小而相应配置。

第二，印章形式要善择。印式变化有致，才能与作品的整体艺术美相得益彰。

第三，钤印位置要得当。一般用印在壶底、盖内和壶鋬下，可以起到画龙点睛之效。

第四，风格要协调。做工精细的作品宜用娟巧秀丽的印章，

朴实奔放的作品宜用粗犷老辣的印章，而端庄稳重的作品则宜用方正平稳的印章。

第五，钤印轻重要适宜。钤印时应注意平整，用力均匀，不可深浅不一。

第六，印章制作要考究。紫砂款识印章的制作者最好是篆刻名家，若再懂得紫砂艺术则是上佳人选。

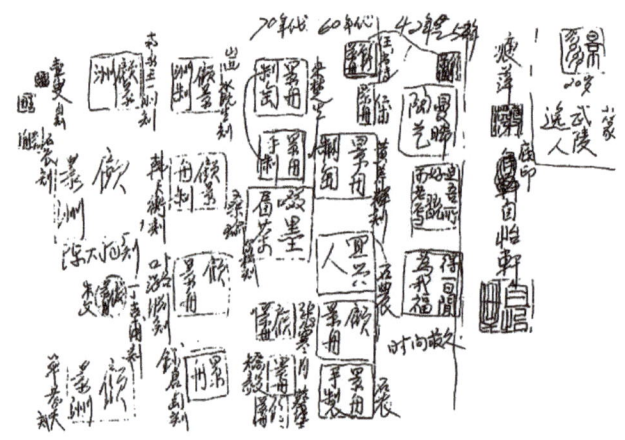

顾景舟释印手记

紫砂壶各种印款

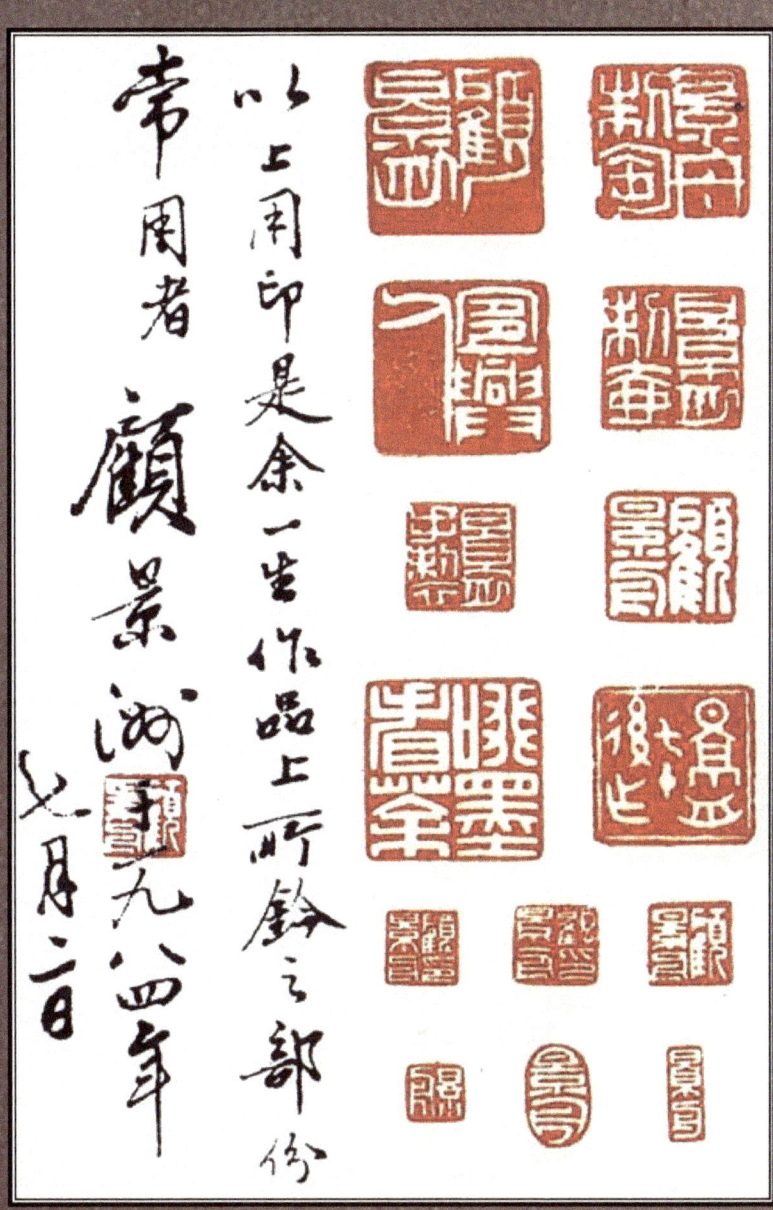

顾景舟 印章

三色松竹梅提梁壶

紫砂壶的收藏、使用与养护

（一）收藏

紫砂壶不仅是注重功能性的实用品，还是一件可以欣赏的艺术品。所以，一把好的紫砂壶应在实用性、工艺性和艺术性三方面高度统一。在众多紫砂作品中，如何挑选出一把好壶，则是新老紫砂爱好者共同面临的难题。

"壶身周正匀称，口盖配合得当，流、把、钮处于同一轴线且端正不偏斜，明接要干净利落，暗接要和顺流畅……"这些基本已成为选壶的通则，然而尚有以下细节是购壶者必须留意的。

有些壶盖的子口（盖墙的泥圈）高度，通常在10毫米左右，倒茶时常有落盖之忧。因此，应以大于15毫米最适宜。有些口盖较大的壶型，子口高度可增至18～20毫米。壶盖子口的泥圈厚度通常为1毫米左右，有些艺人为显其制作功力，将子口做得太薄（薄胎壶除外），在使用过程中很容易被磕碰坏。因此，子口的泥圈厚度应以1.5毫米左右为宜，有些口盖大的壶型，子口的泥圈厚度则可增至1.8毫米。

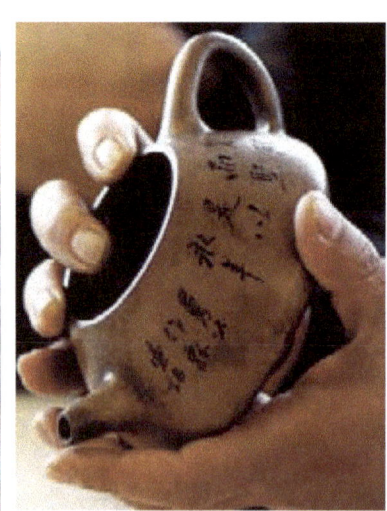

　　壶盖（座片）的边缘和壶口（坨子）的内、外边缘，要做成倒角或圆角，使边缘线条钝化。否则，较锐的边缘，极易在使用过程中造成或大或小的缺口，从而影响壶的品相。要选择不容易积垢、易于清洁的壶盖形状（花货和特殊壶型除外），以有利于日常擦洗和泡养时脸面的清爽。壶盖上的钮，也称的子，其大小和形状要便于拿捏。有些壶型没有的子，则更应注意壶盖的拿捏方式，特别在泡茶时，壶盖会非常烫手，容易导致壶盖落地。

　　紫砂壶的胎体厚度，应以厚实者为佳，一般应大于3毫米。这样，既可体现出紫砂茗壶古朴雅拙的厚重感，又可使壶体具有足够抵御不测外力的伤害，以确保"长命百岁"。

　　流的根部位置在一定程度上会影响到壶的出水，流的根部位置若接近壶底，则水压充足，出水有力，并可减少倒水时壶盖部茶水溢出；流的根部位置若接近壶口，则水压欠缺，使倒水时壶身倾角增大，不仅壶盖部容易溢水，而且壶盖也易掉落。此外，流管内还要干净平滑。

　　壶的嘴型以粗、短、厚为佳，尖、长、薄的壶嘴容易受伤损坏。

　　壶的出水孔常见的有独孔、球孔和网孔。其中，网孔最佳，独孔倒茶水时拦不住茶叶，而球孔则有碍壶内的清洁工作。网孔的孔径以不小于3毫米为宜，且小孔分布要均匀，网孔区域

紫砂壶流的根部位置会影响到壶的出水

的中心应与壶嘴的中心线对齐。否则，出水时会出现水流偏斜、泛花等现象。

一把上佳好壶，其壶底和内壁是否处理得干净平整、有无残留泥点和泥块（俗称推墙刮底），是衡量一个陶艺高手功力的重要标准。

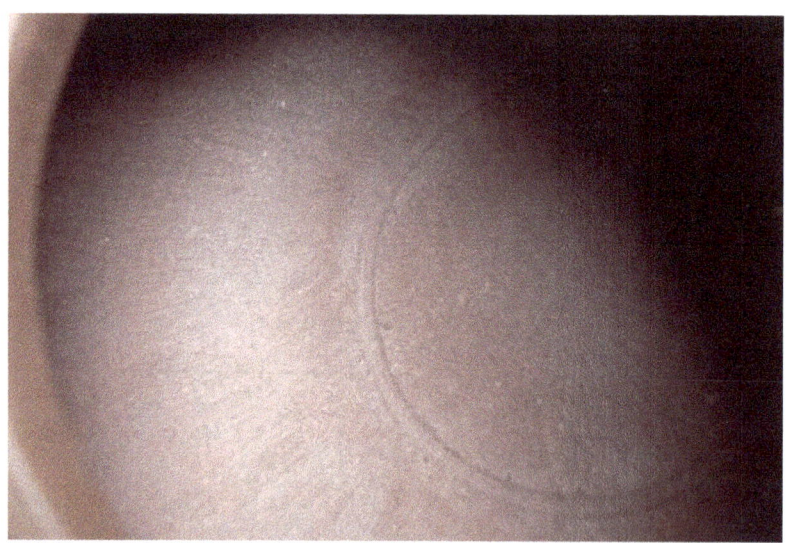

推墙刮底

此外,购壶者还可用手把壶提起来,看看是否好握,壶的重心能否掌握得住;然后仔细观察全壶,看看是否有破裂、瑕疵之处,可用轻敲壶听声音的办法来判定是否有破裂;最后可用鼻嗅闻壶腔,应无任何败味和任何其他异味。有些壶略带土味,尚可以使用,新壶最忌以油或金属色素涂染,虽然外表看起来有古壶的苍然,但有损饮茶人的健康,千万购不得。

对于壶艺爱好者或收藏家来说,全手工茶壶远比模具成型茶壶更具吸引力。因此,如何鉴别手工壶和模具壶也相当重要,这也是购壶时要注意的。全手工制作的圆壶,因采用打泥片的成型法,只有一个泥接头,故在壶身的装把处有一条并不明显的竖向接线,不细心观察就很难看出;而用模具制作烧造出来的壶,在壶嘴和壶把处则分别有一条略明显的接缝,这种接缝不论在烧造前如何用刀修饰,出炉后总会从内而外地显现出来。需要说明的是,前人制壶全凭手工,是不用模子的,即使最普通的日用品,也是全手工制作的。

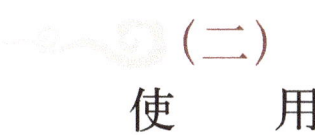

(二)
使　　用

新壶购置回来后,若表面有些瑕疵,可用细砂布稍加磨擦,千万不要用粗砂布打磨,以免伤及表皮(有的壶出售前已作处理)。接着用水或布洗去壶内的陶屑和外表的尘灰,然后将壶置于含有较多茶叶的水锅里,用小火煮沸后即可熄火,用水的余热焖壶至茶水稍凉后再次将其煮沸,如此重复三次,以除去新壶土味。此工序完成后,取出壶使之自然晾干便可使用了。

日常使用时,不论新壶旧壶,当开水沏入壶后,壶表温度较高,此时可用湿毛巾或干净湿布,反复擦抹壶体。壶温稍降后,即可用手摩挲壶体,使手中油汗沁入壶中,有利于壶体光润。如此坚持三四个月后,新壶便有黯然之光。

若茶壶长期不用或未及时将茶渣倒出而发生霉变时可按古人"满贮沸汤,倾即没冷水中,亦急出水泻之"的办法处理,即先倒出壶中霉变茶渣,然后注满开水、稍晃数下将水倒去,再立刻没入凉水中。如此反复二三次,便可除去异味,且不用担心紫砂壶因冷热骤变而发生暴裂。

茶壶最怕沾上油污,使人有脏兮兮的感觉。明周高起就指出:"若腻滓烂斑,油光烁烁,是曰和尚光,最为贱相"。万一壶体沾上油污,则可用手摩挲擦去;若油污过重,亦可用细布沾少许洗涤剂轻轻擦拭,然后再用手摩挲,使其恢复原有质感。

虽说紫砂茶壶有越宿不馊之功,但时间稍长,仍会发生异味,特别是夏天茶叶更易发酸发馊,这样会影响壶内茶山的形成和积累。所以,可把茶汤留在壶内阴干,使之日久累积茶山。但仍要掌握分寸,以免茶汤变质。

茶因壶而香,壶因茶而响

紫砂壶在长期的使用过程中，由于手的不断摩挲，壶身色泽就会越发光亮照人、气韵古雅。所以，闻龙在《茶笺》中说："摩掌宝爱，不啻掌珠。用之既久，外类紫玉，内如碧云。"

客至何妨煮茗候，壶中日月随香流

客至心常热，人走茶不凉

（三）养　护

紫砂壶是喝茶人的珍宝，但要使紫砂壶表现出真正的个性，平日里就要时时注意养壶，所谓"玉不琢不成器，壶不养不出神"。长期的实践经验表明，泡壶是最好的养护方法，具体方法如下。

第一，彻底将壶身内外洗净，无论是新壶还是旧壶，养之前要把壶身上的蜡、油、污、茶垢等清除干净。

第二，切忌使壶沾到油污，紫砂壶最忌油污，万一沾到油污须马上清洗，否则土胎会因油污而吸收不到茶水。

第三，要实实在在的泡茶，即泡茶次数越多，壶体吸收的茶汁就越多，土胎吸收到一定程度，便会从壶表沁出润泽如玉的色泽。

第四，要适度地擦与刷，壶表淋到茶汁后，要用软毛小刷对壶中积茶轻轻刷洗，并用开水冲净，再用清洁的茶巾稍加擦拭即可；切忌用全新百洁布不断地推搓，留下划痕则终身遗憾。

第五，茶壶使用完毕要清理晾干，即要将茶渣清除干净，以免产生异味。

第六，要让壶有休息的时间，即茶壶用了一段时间后需要休息，使土胎能自然彻底地干燥，以便下次使用时能更好地吸收。

珠圆玉润、典雅可人

附 录

（一）术　语

光素器：即方壶、圆壶。

筋文器：即以线纵向、横向、旋转分割的壶。

花塑器：即带有自然装饰的壶，相互组合贯通并作为壶的主体。

主体：即壶身、壶口、壶底、壶足、壶盖、壶钮（的子）。

附件：壶的嘴（流）、把等。

壶钮：亦称的子，为揭取壶盖而设置，是茗壶设计的关键部位，常见有球形钮、珠钮、桥形钮、瓜柄形钮、树桩形钮、动物形钮。

球形钮：圆壶中最常用的钮，呈珠形、扁笠、柱形，往往取壶身缩小或倒置造型，制作中采用捻摘子工序，经搓、转、压挤而成，简洁快捷。

桥形钮：形似拱桥，有圆柱状、方条状、筋文如意状等；作环形，设单环、双环，亦称串盖；平缓的盖面，环孔硕大的为牛鼻盖。

瓜柄形钮：花塑器常用的钮式，如南瓜柄、西瓜柄、葫芦旁附枝叶、造形生动活泼。

动物形钮：源于印钮，有狮、虎、龙、鱼等形，有写实、

球形钮

桥形钮

动物形钮 生坯

树桩形钮

抽象变形和仿古等多种。

  树桩形钮：取植物或瓜果的形态捏制而成，如梅桩、竹根、葡萄等。

  花式钮及其他：随着新的陶艺形式发展，打破了传统程式，以壶边大干口而取代壶钮，亦有盖与钮融为一体的。

  壶嘴：紫砂茗壶的嘴常被喻为人的五官之一，为注茗而设，亦称为流；它与壶体连接，通常可分为：一弯嘴、二弯嘴、三弯嘴、直嘴和流。

  一弯嘴：形似鸟啄，俗称一啄嘴，一般为暗接处理。

  二弯嘴：嘴根部较大，出水流畅，明接和暗接处理均可。

  三弯嘴：源于铜锡壶造型，早期壶式使用较多，明接处理较常见。

  直嘴：形制简洁，出水畅，明接和暗接处理都有。

  流：形似鸭嘴，源于奶杯造型，一般用于茶器、咖啡具的造型上。

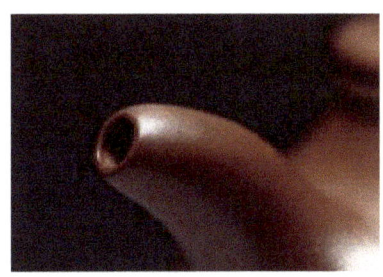
一弯包嘴

一弯方嘴

二弯嘴

三弯嘴

二弯六方嘴

鸭嘴

圆形直嘴

一啄方嘴

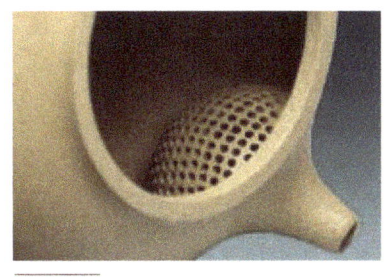

球形网孔

壶体孔眼：明代多为独孔，清代中后期为多孔（有三孔，七孔，九孔等），20世纪70年代出口日本的紫砂壶一度用球形孔，其孔排列齐整，与嘴对正，并依嘴形而设置。

壶把：为便于握持而设置，置于壶肩至壶腹下端，与壶嘴位置对称、均势，可分端把、横把、提梁三大类。

端把：亦称圈把，使用较方便，变化丰富，具端庄、安定的效果。

横把：源于沙锅之柄，以圆筒形壶居多。

横把

提梁：从铜器及其他器形吸取而来的壶式，除提梁的大小与壶体协调外，其高度以手提时不碰到壶盖的钮为宜，有硬提梁、软提梁两种，光素器、花塑器都有，变化丰富。

压盖：亦称完盖，壶盖覆压于壶口之上，其边缘有方线和圆线两种；壶盖稍大于壶口之外径的俗称天压地。

嵌盖：是壶盖嵌于壶口内的样式，并与壶身融于一体，有平嵌盖与虚嵌盖之分；平嵌盖口与壶口呈同一平面，虚嵌盖则与壶口呈弧形或其他形状，形制规整。

球形钮、压盖

动物形钮、虚嵌盖

动物形钮、平嵌盖

截盖：这是紫砂壶特有的一种壶盖形式，以壶整体截取一段作壶盖，故名，有截盖、克截盖、嵌截盖之分。

壶底：壶底足也是构成造型的一个主要部分，底足的尺度和形式处理直接影响造型视觉的美观；壶底大致可分为一捺底、加底（足圈），钉足三种，直方挺直造型的壶宜用明接，圆韵浑朴的造型宜用暗接处理。

一啄嘴、截盖

一捺底：紫砂茗壶烧成因无釉，故无烧成粘钵之虑，制作省工省时，用一捺底处理圆器造型干净利索，简练灵巧。

加底：在壶身成型时加一道足圈，并用脂泥复合嵌接，亦称挖足。加底应视主体造型而设置。

钉足：源于铜器鼎足，用钉足支架壶体，稳而不滞，透出灵气；圆器一般用三支钉足，方器则为四支钉足，钉足不宜太高。

一捺底

三足底

(二) 部分出土紫砂陶资料

器 名	年代	出土时间和地点	收藏单位	备 注
百果盂	清	1959年浙江杭州半山清乾隆年间墓	浙江省博物馆	
彩绘山水注壶	清	1959年浙江杭州半山清乾隆年间墓	浙江省博物馆	盖内和壶底均刻草书"王伦"并有椭圆形钤印于底
提梁壶	明	1965年南京中华门外马家山明代太监吴径墓	南京博物馆	同墓出有嘉靖十二年(1533年)墓志圆珠壶
圆珠壶	明	1965年江苏丹徒县辛丰山北公社前桃村古井中	镇江博物馆	芦形阳文篆书"用口制"印
直嘴圆壶	明	1965年江苏省镇江明代墓	镇江博物馆	底钤葫
六方壶	明	1968年江苏江都县丁沟公社洪飞大队郑王队明代墓	扬州博物馆	底刻楷书"大彬",同墓出有万历四十四年(1616年)砖刻地券
加彩盖罐	清	1973年江苏省南京市清代墓	南京市博物馆	
汉方壶	明	1973年江苏省镇江市林隐路瓷厂明代墓出土	镇江博物馆	底钤有圆形印

(续表)

器　名	年代	出土时间和地点	收藏单位	备　注
加彩圆壶	清	1975年山西省襄汾县南贾公社清代王山墓	上海博物馆	腹刻金文"单吴生作羊豆用享"款楷书，曼生盖内钤阳文篆书"万泉"印
四系壶	明	1978年江苏省句容县春城公社	镇江博物馆	
小口罐	清	1979年江苏无锡雪浪乡清代墓	无锡博物馆	
松鼠树桩壶	清	1979年江苏省无锡市向阳路清代墓	无锡市博物馆	
钉足圆壶	明	1984年江苏省无锡市甘露乡明莚华涵义墓	无锡市文物管理委员会	柄下之腹部刻楷书"大彬"，同墓出土有崇祯二年（1629年）墓志
匙	明	1985年江苏省无锡市中山南路古井中	无锡市博物馆	
壶嘴模具	近代	1985年江苏省宜兴市丁蜀镇蜀山紫砂厂废窑	上海大学历史系教研室	背面刻行书"叁号第陆副"
球腹盖罐	明	1986年江苏省泰州塘沿河大队	泰州市博物馆	
扁壶	清	1986年江苏省淮安市河下镇清代王光熙墓	淮安市博物馆	底刻楷书"大彬"，同墓出土有王氏各种印章三十一枚
钉足扁壶	清	1986年江苏省淮安市河下镇清代王光熙墓	淮安市博物馆	肩有铭"台鼎之光寿如张苍，曼生作乳鼎铭"，把下刻"彭年"，底刻"香蘅"

231

(续表)

器 名	年代	出土时间和地点	收藏单位	备 注
提梁壶	明	1987年陕西省延安市柳林乡王沟村明陵川县知县杨如桂墓		壶身刻行书"以饮养浩然",书"大彬"
鼎足盖圆壶	明	1987年福建省漳浦县盘陀乡明代卢维祯墓	漳浦县文化馆	底刻楷书"时大彬制"同墓出有万历四十年(1612年)墓志
圆壶	清	1990年福建省漳浦县赤岭族乡南坑村清代蓝国威墓	漳浦县文化馆	底刻楷书"丙午仲夏鸣远仿古",并刻"鸣"、"远一椭圆一方篆印,同墓出有乾隆二十三年(1758年)墓碑
朱泥印花小蝶	明	江苏省扬州市城北公社卜西大队马庄小队	扬州博物馆	
紫泥印花小蝶	明	江苏省扬州市城北公社卜西队马庄小队	扬州博物馆	
四系扁壶	明	江苏省无锡市东湖塘乡明墓出土	无锡市文物管理委员会	壶面刻楷书"独占鳌头"
盖罐	明	江苏省泰州市建工地	泰州市博物馆	盖内刻方形篆书"周氏俊造"印
锡包壶	清	江苏省南京市栖霞区清代(1851年)墓	南京市博物馆	腹刻隶书"微润欲沾,雨前吐尖,已丑小春月,石。"底刻篆书:"杨彭年制"印
盖罐	清	江苏省淮安市基建工地出土	淮安市博物馆	底刻篆书"荆溪陈制"印